人気建築家と考える
50代からの家

湯山重行

The B-side of my life: a new way of
living after age 50.

Shigeyuki Yuyama

草思社

もくじ

はじめに
家と幸せの価値観をアップデートすれば
幸せは勝手にやってくる 010

1
人生はB面からが面白い
自分の「好き」を叶える暮らしのつくり方

人生というレコードのB面に自分だけの歌を刻もう 018
人生はB面からが面白い 020
人生のB面は「どこで暮らし、どう生きるか」が大事 022
身の丈サイズの暮らしを謳歌する 027
卒婚して一人暮らしという自由を手に入れる 029
浜田省吾さんが「やり残したこと」 031

本当はトラックドライバーになりたかった専業主婦に半年で2人も遭遇した話 034
上がりのクルマと下がりのクルマはどちらが幸せか？ 036
家は人生の乗り物。ライフステージごとに替えてもいい 038
自分の10年後の老いを意識すると家の未来が見える？ 040
どうせ一生働くなら気分良く稼ごう 042
シニア世代の自宅オフィス化計画 043
とはいえサラリーマンも悪くない 045
ローンで家を建てるならサラリーマンのうちに 047

2

十人十家

人生のB面が輝き始めた10人のストーリー

case 1 鮮やかなグリーンのコンテナハウスを建てたKさん（57歳） 051
case 2 ローコストハウスから一転、高機能ハウスが正解だったMさん（58歳） 060
case 3 80代・60代で終の住処を建てたTさんご夫婦 069

case 4 男子リノベの理想郷？Sさん（61歳）の童心の家 074
case 5 両親が残した農家住宅で週末婚を営むIさん（63歳） 077
case 6 両親と同居の家で趣味を満喫するNさん（57歳） 079
case 7 空き家となった互いの実家を活用し卒婚したOさん（62歳） 083
case 8 遺産係争中のBさん（59歳）に勧めたい出口戦略は「おひとりさまハウス」 086
case 9 コミュニティハウスを泣く泣く断念したDさん（64歳） 088
case 10 あと10年早ければ、実家をフル活用できたGさん（62歳） 090

3 人生100年をヴァカンスに変える！

人生のステージごとに家も着替えよう
プラン75まで思う存分生きる 094
人生100年時代のロードマップを考える 096
人生のステージごとに家を着替える 098
家は小さくていい 100

終の住処はいる？　いらない？　101
高齢者は家を借りづらいというが……　103
小さな家を建ててみる　104
賃貸マンション・ホッピング！　106
田舎暮らしを考え始めたら　110
自宅を稼ぐ物件にしてお試し移住にチャレンジする方法　115
１９７０年代までに建てられた老朽化マンションは要注意　116
リモートワークの普及でリゾート地のマンションが人気に　120
リゾートマンションは年数限定で楽しむならアリ　122
マンションより一戸建てが良いと思う個人的な理由　124
70歳ぐらいでスマートハウスは卒業する？　126
住み替えか、自宅を担保に住み続けるか　127
自宅を担保に住み続けられる「リバースモーゲージ」　130
いったん売却し賃料を払って住み続ける「リースバック」　132

4

B面の人生は、こんな家に住んでみたい！

トレーラーハウスから平屋、ミニマルな二階建てまで

第二の人生、最高の住まいを手に入れるには？ 136
奄美大島のトレーラーハウスで思ったこと 138
トレーラーハウスは土地とけん引免許があればいい 140
古民家暮らしは「初期費用がかからないなら」という前提で 141
3Dプリンタ住宅の未来に目が離せない 143
小屋をDIYしようとする猛者に知っておいてほしいこと 145
穴を掘ったり、ビニールハウスで寝てみたり 147
第二の人生で新築したい！　という人へ 152
建築士を同席させてハウスメーカーで建ててみる 153
知人をもてなす「ハレの部屋」をつくってみる 156
平屋は二階建てに比べ建築費が高い 158
改めてオール電化住宅を考える 160
オフグリッドハウスはほどほどに 161／家は半分地下がいい⁉ 163

新築プレミアムなら建売住宅を狙うという手も　165／借地で良かった話　166
二階建てコンパクトハウスを建てて13年後の話　168
二階建てコンパクトハウスでこだわるべきポイント　173
「60ハウス」と「ぴっころハウス」　177

5 アラフォー住宅はこうリメイクする！

心豊かに暮らす快適住まいのつくり方

勝手に幸せがやってくる家とは？　182
アラサー・アラフォー住宅は早めの診断を　183
築40年超のアラフォー住宅、注意したいのは床　186
生活の一部を堅牢にする、暖かくする　189
余ってしまった部屋の活用法　192／眠りにとことんこだわってみる　193
寒い浴室・トイレ・キッチンは火気から電気へ　194
木造三階建てと時間差一夫多妻制の話　196

半分余った二世帯住宅の活用法　198／ズボラ人間の「片付け最終計画」とは　201
上がるニュース・下がるニュース　203／梅雨空をここちよく過ごす工夫　205
ほうきと雑巾を見直す　206／香りにこだわってみる　207
ギグエコノミーというスポット労働の可能性　209
過程を味わうという幸せ　210／母が車椅子になったら慌てた話　211

6

相続した実家はこう生かす!

空き家になる前に知っておきたい活用法

実家が空き家になる前にすべきこと　214
親が認知症になってしまうと家の処分は不可能に　215
空き家のまま放置しないほうがいい理由　217
解体して更地にする場合のコスト　218
0円不動産や空き家バンクを利用してみる　219／少し直して丸ごと貸す　222
移住・住みかえ支援機構の「マイホーム借上げ制度」　223

民泊は少しハードルが高い　224
1時間単位で貸せるレンタルサービスで貸主となる　225
洋館や和風住宅ならスタジオに　227／古民家なら飲食事業者に貸す　228
スタジオとして音楽愛好家へ貸す　231／小規模デイサービス施設として貸す　235
児童福祉施設事業者へ貸す　237／シェアハウス事業者へ貸す　240
トランクルーム事業者へ貸す　245／コインパーキングにするのも勇気がいる　247
コインパーキング業者もいろいろ　249
駅前の空き店舗は奉仕活動の拠点として心豊かに　250

おわりに　254

カバーイラスト　吉實恵
装幀・本文デザイン　漆原悠一(tento)
イラスト　加藤初音
編集協力　角野淳

はじめに

家と幸せの価値観をアップデートすれば
幸せは勝手にやってくる

はじめまして。神奈川県小田原市でアトリエシゲ一級建築士事務所を主宰している湯山重行《ゆやましげゆき》と申します。

リゾートでヴァカンスを楽しむように暮らす「ホーム・ヴァカンス」をテーマにした家づくりを手がけて三十余年。夢や希望を抱えて事務所のドアを開いてくださったクライアントと一緒に、住宅設計を通じて「思い描いた暮らし」の実現をお手伝いしてきました。

雑談を交えながら言葉のキャッチボールをし、スケッチをしながら出たアイデアの数々は、住宅メーカーのパンフレットには書かれていないクライアントと私だけの「内緒の知恵」でもあります。今回はその「内緒の知恵」をベースに「あなた史上最高の住まいと人生」をつくるお手伝いができればと思います。

さて、この本は「人生の節目でいったん立ち止まり、理想の未来と家を考えるきっかけをつくってもらいたい」という思いからペンを執りました。

特に読んでいただきたいのは、次のようなみなさんです。

・あくせく働くのとは違った生き方があるのでは？　と感じ始めた40代以降の方

・定年後の未来をまだ具体的に考えたことがない50代の方

・定年後は自宅をリフォームしてゆっくり暮らしたいと考えている60歳前後の方

・「このまま年を取っていくのか？」とモヤモヤしているすべての世代

私は２０１６年に『60歳で家を建てる』（毎日新聞出版）という本を出版しました。

定年退職、住宅ローンの完済、子どもの独立などを迎える60歳のタイミングこそ、人生を自分本位に変えるチャンスだと考え、第二の人生を軽やかに生きる夫婦のためのコンパクトな平屋を建てませんか？　と提案したのです。

「60ハウス（ロクマルハウス）」と名付けたこの平屋は、テレビの情報番組で取り上げられたことでちょっとしたブームになり、老後のシンプルな家づくりをテーマにした講演依頼も舞い込むようになりました。

2020年には60歳からの老後を見据えたリフォームやリノベーション、住み替えの具体的なアイデアをまとめた『60歳からの家』（エクスナレッジ）という本も上梓することになりました。

これで人生の後半を豊かに暮らす家の話は完成……だと思ったのですが、その後、状況は一変しました。みなさんお察しのとおり、コロナ禍の影響です。

マイナス面ばかりに目が行きがちなコロナ禍でしたが、「立ち止まって人生を考える」という意味では良いきっかけを与えてくれたようにも思います。

コロナ禍で不要不急の外出自粛を求められたことで、多くの人が家族や家という空間の大切さを再認識されたことと思います。また、仕事が急にデジタル化し、仕事は出社するものだという固定観念も業種によっては徐々になくなりつつあります。社会に生きるうえでの多様性が生まれているのです。

私の周りには、「自然が多い郊外に住み替えた人」「社会に貢献できる仕事を求めるようになった人」「家族や自分がやりたかったことを人生のコアとして考えるようになった人」がたくさんいます。

そんな人たちに出会うたびに「ああ、人生のB面が始まったのだな」と思うようになりました。

会社や仕事中心の人生とは、いわば王道なレコードのA面。自分自身の夢や理想の生き方にシフトするのはレコードのB面のような面白さと味わいがあるな、と。


住まいについても同じようなことがいえます。昭和から平成の時代は「30代ぐらいで家を建て、定年後はリフォームをし、老後はそこでゆっくり暮らす」が定番でした。

そんな既定路線の生き方もいいけれど、今や旅するように軽やかに生きていく人生も夢ではない時代になりました。自分の人生を楽しんで生きたいという前向きな気持ちがあれば、住まい方にはまだまだ多様な選択肢があるのです。

本書では、これまでの常識や古い価値観でがんじがらめになっている自分自身を一度まっさらにして、これからの人生と理想の住まいを考えていただくためのアイデアを盛り込みました。

発想の転換をうながすために少し尖《とが》った提言もありますが、それはご愛嬌（笑）。本書は書かれたことをそのまま実践するハウツー本ではなく、人生を新しいステージに進めるための「生き方建築エッセイ」として楽しんでいただければ幸いです。

40代のみなさんへ

40代のみなさんはバリバリ仕事や子育てをされ、毎日が本当に忙しい時期ですから、「老後を見据えて」という視点をまだ持ちにくいかもしれません。でも、想像してみてください。人生が80～90年だとしたら、ちょうど今が折り返し地点。一度、未来について深く考えてみる良いタイミングでしょう。

例えば「50歳になったら×××をしよう」と計画しているなら、準備のために5年はかかるでしょう。40代の今がスタートには最適です。

そして別の課題も出てきます。多くの40代が今後10～15年ほどで人生の転機に直面するはずです。自分の健康の問題や親御さんに介護が必要になるなど、今と同じように働き続けることが難しいケースが出てくるのです。本書はそのときになって慌てないよう、いざというときの判断をするための一助になると思います。

50代のみなさんへ

50代のみなさんは、次のような状況から残りの人生をどう生きるべきか、漠然とした不安を持つ方が多くいらっしゃるのではないでしょうか。

- **定年を控えセカンドステージをどうするか考え始めた**
- **このまま独身で生きようかと考えている**
- **親が後期高齢者となり自立して暮らすのが難しくなってきた（要支援・要介護）**
- **空き家を相続して持て余している**

若いときに抱いていた夢や価値観は今も変わらないままでしょうか？　このままでいいのかな？　と感じていたり、おぼろげながら別の未来もありそうだと感じていたなら、この本をきっかけに自分らしい生き方や暮らしについて少し考えてみませんか？　しがらみにとらわれず、自由に生きるために、住まいと人生のアップデートをしてみましょう。熟成し始めた今だからこそ、実現できることがたくさんあることに気付くはずです。

60代以降のみなさんへ

「60代だとちょっと遅いよね？」と思われている読者の方がいらしたら「なんともったいない。まだまだ、これからじゃないですか！」と声を大にして言いたいです。なぜならこの本を手に取っていただいた時点で、みなさんは同世代の中でも積極的で柔軟な思考をお持ちだからです。

60代に入ると新しいことに尻込みしてしまったり、気力が出なかったりする方も多くなります。ですが日本人の平均寿命は男性で81歳、女性で87歳を超えるまでになっており（2024年発表）、これからもっと延びると予想されています。

最後の最後は施設にお世話になるとしても、自由な時間はたっぷりあるのです。

「不安だ。心配だ……」と思いながら暮らすより、まずは本書を参考に理想の暮らしを空想してみるだけでも、これから先の見える景色が違ってくると思います。

1

人生はB面からが面白い

自分の「好き」を叶える暮らしのつくり方

人生というレコードのB面に自分だけの歌を刻もう

私が小学生だった1970年代、テレビは歌番組の全盛期で町には歌があふれていた。最初に買ってもらったシングルレコード盤は山本リンダの『どうにもとまらない』。真紅のドレスにへそ出しルックで激しく踊りながら歌いまくり、曲名にもなっている決めゼリフで一世を風靡《ふうび》。それまでのかわいいリンダから脱却した情熱丸出しのイメチェンが大成功した瞬間だった。

レコード盤やカセットテープには表裏があり、A面／B面と呼ばれていた。圧倒的に売り込みたいのがA面。B面はおまけ的でパッとしない曲が多かった。そんなわけで小学生時代にB面を聴くことはほとんどなかったのだが、思春期になって聴き直すと「あれっ、いい歌じゃん！」とB面ばかり聴いたりしたものだった。

思えばB面とはレコード会社が実験的に個性的な楽曲を入れて時代の変化をつかんだり、ミュージシャンが本当に歌いたかった曲をこっそり入れ込んだり……と新鮮で味わい深い曲が多かった。

初めて飲んだビールは苦いだけだったのに、やがてうまいと感じられるように、私も心の成長とともにB面が味わえるようになった。１９９０年代にCDシングル盤の時代になると、B面は「カップリング曲」と言葉を変え、その扱いもA面同等になってきた。つまるところ売れ線ではなく、つくり手側がやりたかったことを自由に表現するのがB面だったともいえる。

A面は確かに万人受けする素敵なメロディライン、鉄板の売れ線ではある。人生もA面のような万人に認められるセオリーどおりの学歴、職歴、ポジションを歩めば定年までの生活は約束されたようなものだ。

本書の読者はレコード盤でいえば、そろそろA面を終え、レコード針を持ち上げるタイミングだと思う。人生という名の曲の演奏時間は、１００年時代になった今、これまでよりずっと長くなっている。であるのならせっかくだ、今こそあなたの手で人生をB面にひっくり返し、決して王道ではない、自分がいつかやってみたかった底抜けに笑える自分だけの人生を歩んでみよう。自らがマイクを取り、手で膝を叩きながらリズムを刻み、人生という歌を奏でてレコード盤の溝に刻んでいくのだ。

夜空に瞬く星のように、きっと自分だけのゴールドディスクが輝くに違いない。

人生はB面からが面白い

家と住まい方の本なのに、いきなり山本リンダの『どうにもとまらない』で始まるのはどうなのか？　とも思ったのだが、この本はこんな調子で進めていくことにする。どうか読者のみなさんには「人生をB面思考に切り替える」ためのワークショップだと思ってお付き合いをいただきたい。

誰しも人生の転機がある。人生の折り返し地点を経たあと、多くの人が経験する大きな転機といえば定年だろう。定年を意識し始めるのは、その5～10年ぐらい前からだろうか。２０２５年4月からどの企業の定年も65歳に義務化されるので、55歳前後の方が当てはまることになろうか。このあたりが「人生のB面」のスタート地点、すなわち人生の後半をどう生きるかを考え始める時期ということになる。

平成の世の中までは、定年後は退職金で夫婦二人の悠々自適なセカンドライフを始めるのが定番だった。しかし、終身雇用制度が崩壊して、退職金と年金だけで食べていくのは難しい時代になってきた。再雇用やパートで働く人も多い。一方で退職を待たずに「やってみたかったことに挑戦したい」と、それまでの人生とはまったく別の道を選ぶ人も増えている。40～50代で自分のお店を始めたり、Uターンや I ターンで地域に根差した暮らしを始めたり……と人生を少し早めにシフトチェンジするのだ。

会社や仕事メインの人生がA面だとすると、自分のやりたいことに正直に生きるのが今どきの「B面」ということになる。今まで良しとされていた生き方、普通とされていた路線から自由になって、新しい価値観や情熱を注げるテーマを見つけ生きること——それが人生のB面なのだ。はたから見れば大変なことでも、自分にとってはつらくもなんともない。B面とはそんな世界でもある。

かくいう私も建築家として独立し30年超えになるが、仕事一辺倒とは違うベクトルの生活を送っている。ホーム・ヴァカンスをテーマにしている建築家として、年間60日はヴァカンスを楽しみ、エッセイストという裏の活動も行っている。自分の手でシフトチェンジしたB面の人生は、そんなこんなで大変なことがあっても面白い。

人生のB面は「どこで暮らし、どう生きるか」が大事

仕事メインの人生は、例えるならひたすら高い山に挑戦する登山のようなもの。一方の自分の夢や興味に導かれたB面の人生は、ここちよいハイキングやゆったりと川下りを楽しむようなものかもしれない。

「お金に不自由しない暮らし」と「贅沢ではないが身の丈に合った暮らし」のどちらが良いとも限らない。だがイソップ寓話の「都会のねずみと田舎のねずみ」のように、自分に合った場所や生き方というものは必ずあるはずだ。

人生のB面は、どこで暮らし、どう生きるかが大事になってくる。都会でも田舎でも構わないのだが、自分がワクワクするとか、ストレスのない環境で生きるとか、人生のコアを選択するということだ。

〈人生をB面にシフトするためのポイント〉

1　幸せの価値観をアップデートしておく
2　やり残している夢や新しい夢を書き出してみる
3　親と実家の今後について情報収集をしておく
4　5年後、10年後の自分と理想の暮らしを妄想してみる
5　小さなことでいいので「今すぐ」始める

1　幸せの価値観をアップデートしておく

老後は家の心配やお金に困らない暮らしをしたいという人は多いだろう。だからといって、子どもが巣立ったあとの広い家に住み続けることが正解とは限らない。家をコンパクトにする、生活をコンパクトにすることで見つかる新しい幸せもある。最近では「年金だけでいかに楽しく暮らすか？」や「団地で一人暮らしを楽しむ」ことを実践している高齢の方のブログや書籍も見かけるようになった。身の丈に合った生活をいかに美しくできるかは、自分だけの幸せの物差しを持つことから始まるのだろう。

2―やり残している夢や新しい夢を書き出してみる

人生を次のステージに進めるときに最初にやっていただきたいのは「やりたかったこと」や「これからやってみたいこと」を書き出してみることだ。

子どもの頃から好きだったことなどを自由に片っ端から書いてみるのだ。文字でもイラストでもいい、文章を書くことが嫌いではないならエッセイのように書いてみてもいいだろう。飽きたら落書きしても構わないし、眠くなったら寝ても構わない。そして今の自分と比べてみる。未来に向け何かヒントが見つかると思う。

一つだけやってはいけないことがある。それは「これは実現できないだろうな」と自分でブレーキをかけること。まずはワクワクできることを見つけ出すことが大切だ。妄想するのはタダなので大風呂敷を広げてみるのがいい。

3―親と実家の今後について情報収集をしておく

50代に入ると急にシビアな現実として立ち現れる問題がある。「親の老い」だ。まだまだ元気だと思っていた親も70代半ば以降は足腰だけでなく認知機能も衰えてくる。子が離れた場所に住んでいてなかなか会えないと、親が日常生活に支障が出るようになって初めて問題の大きさに気が付くというケースも少なくない。

要支援や要介護状態になると公的なサポートが受けられるのだが、それでも高齢の親の一人暮らしや老老介護の状態になってしまうと一大事だ。子が頻繁に帰って面倒を見る機会が増える。そうなったときに備えて、今の職場にどの程度のサポート体制があるかはチェックしておきたい。サポートが見込めないなら、この先、どう仕事との折り合いをつけるのか？　親の近くに住んでいざというときに備えたほうがよいのか？　いろいろ考えておくべきことは多い。

また、親が認知症になってしまうと、預金口座が凍結され、家族であっても勝手に引き出せなくなる。いざ介護施設にお世話になろうというときに、手元に現金がなくてはにっちもさっちもいかなくなってしまう。その後は、いずれ実家を相続するときもやってくるが、空き家になるとこれまた問題になる。こうしたことへの対処法について40代あたりから少しずつ情報収集をしておいたほうがよいだろう。

4―5年後、10年後の自分と理想の暮らしを妄想してみる

あなたは5年後、10年後の自分を具体的に想像してみたことはあるだろうか？　ど

こに暮らしているのか？　どんな家に住んでいるのか？　どうなっていたいのか？　という視点を持って、具体的に考えてみよう。

家は「人生を入れる箱や乗り物」のようなものだから、最初に考えるべきは自分の理想の暮らし方だ。リタイア後や自宅が仕事場の人は「家」が人生の多くの時間を費やす場所になる。つまり「家」と暮らし方を変えることは、人生そのものを変えることにつながる。

だから今こそ立ち止まって考えてみるべきだと思うのだ。機能的だとか使い勝手がいいとか表面の部分はいつでも直せるが、大事なのはあなたが今後自分の人生をどう生きていくのかを具体的にイメージすること。これまでは子育てや仕事で満たされていたかもしれないが、人生はまだまだ続く。自由に生きるためのシナリオを探そう。

5―小さなことでいいので「今すぐ」始める

ここまでできたら「お疲れさまでした！」……ではなく、できることから今すぐ始めてみよう。「人生はいつでもやり直せる」のはそのとおりだと思うが、「あと5年、10年早かったら……」という体力・気力の問題も出てくるからだ。

もし、妄想がどんどん膨らんできたら、叶えたい夢を並べてそれらの期日を仮決めして逆算スケジュールを組んでみる。嫌な上役からのプレッシャーもノルマもないのだから、自分に甘いゆとりを持ったスケジュールで構わない。そのスケジュールを眺めてみれば、その時期にすべきことだったり、家やクルマのような大きな道具はどういった佇まいがふさわしいのかがなんとなく想像できるのではないか。

「叶えたい暮らし」↓「それを叶える入れ物＝家」の順番で考えると、暮らしと家の一体感がより明確になり、人生に深みが出てくると思う。

身の丈サイズの暮らしを謳歌する

知人のEさんは50代で早期退職をした。

それまでは会社の売り上げに貢献することに必死になっていたが、自分らしい生き方をしたいと転職。今は派遣社員としてのんびりマイペースで稼いでいる。当然、正社員時代に比べると年収は大きく下がるのだが、今の生活が楽しくてしようがないという。幸せの尺度をB面思考に切り替えた彼にとって、お金は問題ではなさそうだ。

Eさんは退職したあと、東京の自宅と亡きご両親が暮らしていた実家の二拠点生活を始めた。実家があるのは東京から電車で1時間程度の田舎町。築50年ほどの瓦葺きの農家住宅なのだが、骨組みはしっかりしているし、軒が深いので外壁の汚れや色あせも少ない。巨大地震のような天変地異がなければ、基本的なメンテナンスだけでまだ20年は使えそうである。

Eさんは平日、都内のハードすぎない職場で働き、週末ごとに実家に泊まり、畑で汗をかく。もとの会社で定年まで勤めれば、かなりの退職金がもらえたそうだが、贅沢品に憧れがない彼にとっては、畑で収穫の喜びを感じられる今の暮らしで十分満足だという。

また、実家近くには両親の建てたアパートがあり、こちらも手入れがされていて20年ほどは家賃収入が見込める。人生のB面では、こうした副収入があると安心して生活できる。第6章でくわしく解説するが、空き家になっている実家や土地をお持ちの方は積極的に活用してほしい。

卒婚して一人暮らしという自由を手に入れる

私自身、年を重ねて還暦手前となったが、私のクライアントもアラ還（アラサー、アラフォーならぬアラウンド還暦、すなわち還暦前後の意である）の方が増えている。そして令和のアラ還は悩みが多い。

１９７０年ぐらいまでは平均寿命も今ほど長くなかった。定年退職後、夫婦水入らずの人生を少しだけ味わい、穏やかに隠居生活を送り、60代でいのちを終えた。夫婦で互いをいたわり合える幸福なひとときだっただろう。高度経済成長期で給料もぐっと増え、退職金も年金も高利回り時代だったからしっかりともらえた。気持ちにも余裕が生まれて優しくもなれたことだろう。

しかし、令和はとにかく忙しい。生き抜くために全力疾走の毎日。気をしっかり持たなければ夢は陽炎《かげろう》のようにたどり着けない。低金利で生活のゆとりも見いだせない。夫婦の気持ちにも余裕なし。やっと65歳になって会社から解放されると思えば、これから30年近くも同じ空間で二人で介護に向かってまっしぐら？　そんなことを想像すると気が滅入るという方も少なからずいらっしゃるだろう。

その一方で、コロナ禍を経ていろいろな生き方や暮らし方が肯定されるようになってきた。我々のような中高年だと「卒婚」がいい例かもしれない。卒婚とは、普段は夫婦別々に暮らし、たまに会うといった具合にお互いの人生や人格を尊重しながらその自由を認め合うゆるやかなパートナーシップをつくることをいう。

健康、時間、お金がそろっていれば、パートナーとの歩みはそのままに、卒婚して自分の可能性を広げる一人旅にも出かけられる。人生のB面では、それぞれのオプショナルツアーに出かけて、たまに集合場所に戻るなんてこともできる。

離婚を考えるほどパートナーへの愛情は冷めてはいないが、懐かしい恋人に出会ったぐらいの距離感がほしいというカップルには「卒婚」はうってつけかもしれない。

クライアントのHさんご夫妻もそんな新しい夫婦の形を体現しているお二人だ。

2年前に奥様のご両親が亡くなり、ご実家は空き家となった。誰も住まないゴーストハウスになるかと思いきや、ご実家はほどよい都会の街中で交通アクセスが良く、映画や演劇などエンタメを楽しむには抜群の立地。奥様も居ごこちが良いと感じていたようで、ひととおり片付けが終わったあと、「私は来月からここに住むわ」と荷物をまとめて単身で引っ越していったらしい。

Hさんご自身の実家も空き家だったことから、以前からやりたかったクルマいじりを始めることにした。今も倉庫に籠もり、寝食を忘れて取り組んでいるという。

もともと夫妻が住んでいたマンションは賃貸に出した。二人で会うのは「SNSで連絡を取り合って、適当なタイミングで月に数回ですね」とおっしゃる。

夫婦双方とも実家が空き家というパターンは増えてきている。このケースは夫婦それぞれに住む場所があればこそ可能な二拠点化の例だといえる。

浜田省吾さんが「やり残したこと」

サングラスを外したシンガー・ソングライターの浜田省吾さんの夢をたまに見る。夢の中では、なんと素顔の浜田さんが旧知の仲だったように私に親しげに話しかけてくるのである。

1977年リリースの『木枯しの季節』というシングルレコード盤のジャケットでは、ティアドロップ型のサングラスをかけた浜田さんが爽やかにこちらを向いている。当時はサングラスのレンズの色が薄かったので、目のフォルムまでしっかりと確認できた。しかし、それ以来、サングラスの色はどんどん濃くなって、今では「サングラス込み」の顔として不動の地位を築いている。「ベストグラサン賞」なるものがあれば間違いなく殿堂入りであろう。

日常の作法では必ずサングラスを外さなければいけないシーンがあるから、メディアに積極的に登場しないのはそのためもあるのだろうか。今はミュージシャンといえども番組MCとの絡みに上手に反応しなくてはならないし、バラエティ枠となるとお笑い芸人さんに多少イジられるのを覚悟しなくてはならない。いつサングラスをネタにされるかも分からない。デーモン閣下のように、ご長寿キャラで最初から押しきってしまえばよいのだが（周囲も気を遣うし……）などと、勝手に心配をしている。

そんな浜田さんの歌が好きである。いつも、迷いながらも力強く、自分の弱さを認めながら、人をおもんぱかる優しさが歌詞に、歌声に感じられるからだ。

70歳を過ぎても第一線で曲をつくり続けていて、新曲が発売されるたびに楽しみに聴いている。そんな彼は若かりし頃に発表した楽曲を、脂が乗り始めた30代にセルフカヴァー曲としてつくり直したりもしている。

書籍のインタビューで確かそのときのことを語っているのだが、浜田さんは「昔の曲はサウンドも歌もよくないが、楽曲は生き生きしている。だから、その頃のままやりたい」という想いがあったそうだ。

年齢を重ねた自分ではなく、当時の自分にしか書けなかった曲、それを今の円熟した経験と知識を使ってやり直したかったのだ。バンドメンバー、音楽機材、演奏テクニック、スポンサー、スタジオ、発声方法、資力……。人生で得た財産を惜しみなく使って。

もし心の隅に引っかかっているやり残したことがあるならば、浜田さんのように「年と経験を重ねた自分」にしかできない方法でやり直せばいいのだ。

本当はトラックドライバーになりたかった専業主婦に半年で2人も遭遇した話

30年来の知人宅で食事をしたときのこと。奥様の手の込んだ和食懐石に舌鼓を打ちながらクルマ談義が始まった。彼の家では常に複数台を保有しており、いずれも高速道路を走るのが得意そうなスポーツタイプ。メイン以外のもう1台は生活の足となる経済的な軽自動車というのが一般的だと思うのだが、サブの速そうな赤いクルマは奥様の愛車だという。

奥様がお茶をごくりと飲んだあと、堰《せき》を切ったように話し出した。

「道路は3車線以上。それ以下は認めない」「スピードは麻薬だ」など、名言続出。まさかのカミングアウトだった。それまでクルマ好きの片鱗《へんりん》も見せず、手芸や料理が趣味の家庭的な主婦だと思っていただけに驚いた。なるほど、いつも私が遊びに行く際は、駅の待ち合わせ時間ぴったりに奥様がクルマで迎えにくるわけだ。そしておもむろに「本当はトラックの運転手になりたかったんです……」とつぶやいた。大型トラックを操り、父親のような大きな心で道路をリードして走りたいとのことだった。

それから半年も経たずして、別の友人宅にて談笑中、何気なく奥様から出たひと言が「本当はトラックを運転してみたいのよ」。

デジャブか？

たまたまではあるが共通ワードは「専業主婦」「クルマは複数台」でかつ「奥様の愛車がスポーツカー」「料理上手」「車庫入れが一発」ということ（笑）。何よりも今までトラック好きを隠していたことだ。行きつけのオーセンティックなバーで華麗にシェイカーを振っていたダンディーなマスターに久々にお会いしたら、ドラァグクイーンになっていた……くらい衝撃的であった（実話である）。

こうしてわずか半年の間に2名の女性トラックドライバー願望者に遭遇したわけであるが、年を重ねるごとに「やりたかったこと」が蓄積され、自由を手に入れた60歳を前に夢を叶える人もいる。ちなみに一組目の知人の息子さんはトラックドライバーになった。血は争えない。

世の中も多様性を許容し始めた。人生も長くなった。されど健康寿命はそれほど長くはない。やってみたかったことにチャレンジできる環境がそろっているのなら、たとえ条件が全部そろわなくても、見切り発車でも、夢に間に合う可能性は十分にある。ただし、交通ルールは守りましょう。

上がりのクルマと下がりのクルマはどちらが幸せか？

あるとき「駆け抜ける喜び」をキャッチフレーズにした外国製スポーツカーに試乗した。アクセルを踏み込めば、シートバックに張り付く鋭い加速。若い頃に乗っていたレーサータイプのオートバイのようで、忘れていた心躍る感覚を思い出させた。「人生に一回くらいはこんなクルマもいいか」と我が家のメンバーに迎え入れた。

車内はエンジンの鼓動も少なく、至って静か。声を大きくせずとも会話ができ、適度な音量のＢＧＭもここちよい。前後左右のタイヤの間隔が離れているので揺れも少ない。とてもゆったりした気持ちで移動ができる。成田空港までの長距離移動をする際などは追越車線に入ると前のクルマがそそくさと道を譲ってくれる、ゴルフ場ではクラブハウス前の駐車場を案内してくれる。なるほど、こういった後光効果（？）があるのだなと感心したものだ。

クルマ雑誌の編集者を乗せたときには「湯山さん、上がりのクルマですね～」と冷やかされた。クルマ好きがさまざまなクルマを乗り継いだ先にたどり着く、最後に乗るクルマという意味らしい。私としては「このクルマに乗ることでどんな生活の変化があるのか、自分自身の価値観の揺らぎがあるのだろうか？」というような実験的な試みであったのだが。

たしかに上質なクルマならば味わえるここちよさ、それを称えるかのような社会の扱い、ブランド力などは実感できた。

ところが……ちょっとした出来事でそのステイタスを自ら手放す決意をした。

私は年に一度、マウンテンバイクで乗鞍岳《のりくらだけ》を登ることにしている。2泊の行程なので車中泊をするのだが、その外国車だとカーゴ内で缶コーヒーの最後の2口を飲み干すのに缶が天井にぶつかってしまう。それがだんだんストレスになり、数年後、迷った挙げ句お別れをしたのだ。

それ以来、私が求めているのはステイタスではなく、車中泊で缶コーヒーが飲み干せるコンパクトなクルマということが確定した。上がりのあとは下がりもある。楽な道を口笛を吹きながら走れる「下がりのクルマ」も悪くないと思う。

家も同じだと考えている。後光効果のある豪邸も人生の1ページにはあっていいだろう。さりとて先立つものだって要る。B面の人生では見栄を張らず、自然と口笛を吹きたくなるような自分サイズの空間を見つけて身を沈めていたいものだ。

家は人生の乗り物。
ライフステージごとに替えてもいい

たまの講演で登壇の際、冒頭のつかみで「土の人、風の人」という話をしている。

土の人は地に根を張って祖先が残した土地を守りながらその恵みを享受して、次の世代に引き継ぐ人。風の人は目的に応じてその都度、土地を変え移り住んだ人。

かつての日本人は農業、漁業などの一次産業の世帯が多かった。その場所でずっと生きているから住まいを豪華にすることで自分たちの満足感を得ていたのである。

令和になった現在は個々の価値観で仕事が選べる時代になってきている。つまり、未来永劫決まった場所で生活しなくても構わない。コロナ禍もあってリモートワークも社会的に当たり前になったし、何より人生は長い。

それは豪邸に住むことが必ずしも成功ではないということでもある。みなが気付き出しているように、自分自身のかけがえのない人生、自分の興味があるコトに応じて環境をアジャストしていくことで豊かな人生が送れると、私は常々思っている。

「家は3回建てないと分からない」と言われている。毎回建てるたびに経験値は上がるが、価値観は変化していくものだし、体力や資力にも変化が訪れる。つまり何度建てても正解にたどり着くどころか、逆に無限ループに陥る可能性がある。

であれば、人生のまだ見ぬワクワクするような景色を眺めるために、家も人生という旅のなかで、しばしば乗り換えるものだと考えてみてはいかがだろう？　家族ができたらミニバンのような家を、パートナーと海辺で過ごしたいならオープンカーのように身軽な家をチョイスしてみるのだ。ダンプカーやクレーン車みたいな家にはどんな人が住んでいるのだろう？　そんな想像をするだけでも楽しくなってくる。

自分の10年後の老いを意識すると家の未来が見える？

最初にお断りしておきます。勝手な思い込みでスミマセン。

私は自分自身を客観的に判断するのにある法則を用いている。競走馬が血統を重んじるように自分の親のキャラクターを判断基準にしているのだ。その法則とは……「男性であれば母親に似て、女性であれば父親に似る」である（頭髪は母方のおじいちゃんが参考になる）。

母の若い頃の写真を見れば私の顎から目にかけてのラインがそっくりだし、食べ物の好みや体形も似ている。妹は父に似ていてアルコール好きで辛党だ。それだけではない。妻の実家で初めて彼女の父親に会った際には「あっ!」と声を漏らしてしまった。父娘の顔があまりに似ていたからだ。聞けば幼い頃、迷子になってもその顔一つで送り届けてくれたという。

冗談は顔だけにして……。つまり言いたいのは、私にとっての母親は自分の老いた未来の姿に近いと認識して、彼女の一挙手一投足、言動、哲学を観察しているということだ。食べ物、旅行、運動などの興味嗜好はどのように変化してゆくのか? 足腰の衰えで家中に手すりが付きだしたのはいつだったか? 認知機能や内臓の状態が悪くなるのはいつ頃か? といったことを意識して逆算すれば、自身の人生を見通す精度が上がると思う。

いつまでも心身ともに若かりし頃と同じようにはいかなくなってくる。50~60代に差しかかれば、体調不良を口にする人も増えてくる。慢性的な不健康とも上手に付き合っていくしかないし、さらにその先は思うように動けないことも出てくるはずだ。そのときが来ても慌てないように、10年前から親を見てイメージをしておこう。

どうせ一生働くなら気分良く稼ごう

人生１００年時代といわれるようになった。昔は「ロボットが代わりに稼ぐようになるまでの我慢だな」と思っていたが、今では定年が65歳まで延びつつあり、できるだけ長く働いて生活の糧を稼がないといけない時代のようだ。さらにはＡＩに仕事を奪われかねないとなれば、高いパフォーマンスを出し続けなくてはならない。いやはや……。だが、働くことに忙殺されてしまっては長生きをする甲斐がない。

だから面白く、気分良く生きよう。

近頃の仕事といえばコンプライアンスが声高に叫ばれ、複雑で高度な成果を要求されるから精神は緊張の連続である。であるならば、せめて仕事環境を快適にしたいもの。満員電車の「痛勤」なし、そりの合わない上司なし、煩わしい仕事上の人間関係なしの自宅オフィスを構築するのはどうだろうか。

つまるところキャリアを積んで、そこそこのネットワークが築けるようになったら、早いうちにフリーランスとして独立してしまうのだ。あまり稼げないと心配するかもしれないが、どうせ格差社会だし、稼ぐほど税金で搾取される。ならば、ほどほどの収入で気分良く生きるのが愉快というものだ。

さらにこのペースで人口が減れば家が余り、家賃が安い物件も増えてくるはずだ。住む場所さえ確保できればあとはなんとかなるだろう。まずは自宅オフィスから始めて、仕事が軌道に乗ったら中古住宅やマンションをローンで購入し、月々の返済を抑えて人生のアップグレードを図ってみてもいいだろう。

自宅オフィスでは座りごこちが最高の椅子と目に優しい観葉植物、環境によって色味が変わるLED照明があれば快適に過ごせる。それにもまして、何よりの快適は自分の力で稼いでいる充実感が得られることだと思う。

シニア世代の自宅オフィス化計画

蜃気楼のように定年や年金受給年がどんどん先に行ってしまう。あれこれ嘆いていてもこの瞬間も尊い時間は過ぎていく。

定年と安定した老後が遠ざかれば、隠居生活というのんき気な言葉は非現実的なものになる。どうせ一生働くのならば面白く稼ぎたいものだ。シニアの方であれば年金にプラスしてお小遣い程度の稼ぎでなんとかやりくりできるというケースも多いはずだ。それなりのキャリアを積んだ方なら自分の才能もよく知っているはずだから、それに磨きをかけてみよう。

移動するのも年々おっくうになるから「仕事場＝自宅」とすると楽だ。今まで通っていたオフィスは、エモいという言葉とは無縁の、ひたすら効率を考えた照明がやけに目に刺さる無味乾燥な空間が多かっただろう。しかし、個人事業主になれば自分の持っているクリエイティビティが武器である。能力を最大限に発揮できる呼び水となるような空間をつくってみよう。

例えば、子どもの独立後、使われていない部屋を魔改造（もとの使い方や機能から大きく逸脱した改造のこと）して自分のオフィス＋趣味の部屋にしてみる。タレントの所ジョージさんの世田谷ベースのような空間をイメージすれば分かりやすい。女性であれば居ごこちのいいサロンのように照明にこだわったり、ヨガやダンススタジオのように鏡張りの部屋にしたり、常に美と健康を意識した空間に身を置けば、いつまでも前向きな気持ちでいられよう。

私の場合、仕事場でアイデアを練るときやリラックスしたいときは、無線スピーカーから528ヘルツの音楽を流し（ストレスを和らげ心を落ち着かせる周波数だといわれる）、お香を焚いたりしている。テープ状のLEDライトを部屋に張り巡らして間接照明でぼんやりするのもなかなかいい。仕事に根を詰めたあと、気晴らしをしたいときはウクレレを手に乱弾きし、心を解放してまた仕事に戻る。すべての動作がそこにいながら行えて、気分良く仕事ができるのがここちよい。

とはいえサラリーマンも悪くない

ここまで読んでいただいた読者のみなさんは「湯山は定年前に新しいチャレンジをすべきと考えているのだな」と思われたかもしれないが、すべての人にお勧めするわけではない。サラリーマンとして65歳の定年までまっとうして人生のB面をスタートさせるのが幸せな場合ももちろんある。

私が独立した30年以上前は世の中がもっとアバウトだった。クルマでいうとハンドルのアソビの部分が多く、工夫次第で余暇も取りやすく報酬にもゆとりがあった。しかしながら昨今はコンプライアンスが叫ばれ、法律でがんじがらめ。レーシングカーのハンドルのようにアソビなしで即反応しないと生きていけない。毎日が全力疾走でないと生活ができないのだ。

サラリーマンや公務員であれば、仕事以外のやっかいな書類や手続きは会社が担当してくれる。だが、独立したら営業から集金はもちろん、苦情やトラブルの処理まで全部自分で処理せねばならない。病気になっても代わりがいない。

日々のやりくりで悩ましいのが社会保険料と各種税金の手続きだ。株式会社などの法人をつくって独立すると、厚生年金への加入が義務付けられる。手厚い保障で老後も安心であるが、これからは会社の負担分まで実質、自分で納める必要がある。

これが思った以上に高負担である。納付額が年々増え続けて年金を支払うために働くのか？　と思うくらいなのだ。毎年納める税金の計算や帳簿の整理、各種申告など、忙しい本業の合間に自分で対応せねばならない。

また、法人設立となれば、このような税務業務を税理士さんにお願いするのが必須となるだろう。税理士報酬も自身の会社の売り上げに応じて上がるのも悩ましい。というわけで、職場に決定的な不満がないならサラリーマンでいるのも悪くない。

ローンで家を建てるならサラリーマンのうちに

動画配信サイトでは、サラリーマンを辞めて個人事業主になったり法人を作って独立するのが人生が花開く道だと推しているが、ちょっと待った。独立後の住処《すみか》は大丈夫か?

独立して3年ぐらいの間は社会的な信用も少なく、売り上げも安定しにくいことなどから、各種ローンが組みにくい。家を建てる・購入するのに高い壁が立ち塞がるのだ。それらの予定があるのならサラリーマンのうちに済ませておこう。

独立するには相応の人間力も必要だ。知力、気力、体力がある30~40代前半であるならば勢いで飛び立つこともできるであろう。しかしながら50代でお考えの方で、今のポジションが満足度70点ぐらいであれば、そのまま定年まで過ごすのも悪くない。

ノルマも少ない職種であったり、公務員であれば定年まではじっとして、定年後に潤沢な資金を利用して何か始めることをお勧めする。個人なら申告も自分でできる作業量だし、年金も納め終わっているだろうからその点も心配ない。趣味が高じてお小遣い程度の額を稼ぐのにちょうどいい税金対策にもなる。

2

十人十家

人生のＢ面が輝き始めた10人のストーリー

会社員として、もしくは専業主婦として人生のレールを歩んできた人たちが「このままでいいのか?」と思い始めるタイミング。それが人生のB面の始まりだ。そして建築家という職業柄、家を建てたり、住み替えることで人生のB面が輝き出した方々にたくさん出会ってきた。定年や老後を意識し始めた50歳前後の方はもちろん、60歳どころか80歳を過ぎて新しい家を建てた方もいらっしゃる。

彼らはみな、リタイア前後からが精神的、肉体的、経済的にもっとも穏やかにゆったりと過ごせる自分史上最高のシーズンだと気が付いて、老後のためにちょっとだけ直すという後ろ向きの発想でなく、新しい人生の門出として新しく家を建てたり、住み替えたという共通点がある。

この章では、私の心に特に残っている方々に登場いただき、家の選び方・生き方を紹介したい。後半には番外編として、相続した家の活用法を模索する3人の事例をまとめたので、同じような境遇にある方の参考になれば幸いである。

case
1

鮮やかなグリーンのコンテナハウスを建てたKさん（57歳）

※年齢は取材時のものです。

「最近、コンテナハウスを建てた友人がいて、今度遊びに行くんですけど、湯山さんも一緒にどうですか？」と誘いがあった。近頃はコンテナを活用した小さなパン屋さんや雑貨店を見かけるようになった。ただし、住むための住宅として仕上げるには法律のクリアや水回りや断熱対策などの結構な工事が必要になる。しかもセカンドハウスではなく、メインの住宅として住まわれているというからなかなかのレアケースだ。仕事場からも近い神奈川県の厚木市郊外ということもあり、二つ返事でお邪魔することにした。

神奈川県には宮ヶ瀬湖というダム湖があり、ダムマニアに人気らしい。今回お邪魔するコンテナハウスは、その宮ヶ瀬湖から流れる川の近くにある。幹線道路をしばらく走ること40分あまり、鮮やかなグリーンの箱が見えてきた。コンテナを二つ縦に並べた存在感ある佇まいは、一見すると雑貨屋さんかカフェかと見間違うほどだ。

コンテナハウスに一人で暮らすKさんは、48歳のときに乳がんが見つかった。幸いにも寛解し、保険で少しまとまったお金が手元に入ってきたこともあり、昔からぼんやりと考えていた夢を具体化したいと思い始めたという。

「いつ病気が再発するかも分からないし、このお金を何か有意義なことに使えないかな？　と考えて。家には子どもの頃から好きで集めていた本や仕事の資料として手に入れたいろんなジャンルの本があったので、それを開放して近所の人が立ち寄れるちょっとしたコミュニティスペースにできたらいいなぁと」

ちょうど２０１８年で翌年には消費税が上がるタイミングだったこともあり、動くなら今だ！　と私設図書館を併設できる自宅を建てる決意をした。実家が所有する土地を利用するので土地代はゼロだが、もとは茶畑だったことから整地が必要だった。その費用と建築後の引っ越し代、家財の購入代を計算すると、建物本体にかけられる予算は税抜きで約１０００万円。材料費や工費が高騰している現在ではさすがにこの金額に収めるのは無理だが、2018年当時でも結構厳しい予算だったはずだ。

実際、工務店に延べ床面積50平方メートルのコンパクトな平屋を見積もってもらったが、建物本体だけで1400万円と提示された。

そんなときに見つけたのが、低コストを売りにするコンテナハウスの広告だった。早速、神奈川県が対象エリアの専門業者に連絡をしてみると、なんと「頑張れば700万円でできますよ」との返事が。しかもコンテナ二つをL字に配置して、住居スペースと図書館スペースを分けることまでできるらしい。すっかりその気になったKさんだが、それも束の間の夢。設計後、改めて提示された金額は1300万円、またもや予算オーバーとなってしまった。

実はこういったケースは少なくない。住宅としてのコンテナハウスはまだ黎明期《れいめい》といってよく、専門店を謳いながら建築の専門知識が足りていない業者も存在する。この業者も住宅転用の経験がなく、普段から手がけている店舗仕様の感覚で見積もりが甘くなってしまったのだと予想する。

Kさんの場合、運良く別の工務店に出会うことができた。その工務店の事務所がコンテナハウスだったことから、自社に施工ノウハウがあったことと、形状をシンプルな長方形にしたことで1100万円まで予算を下げることができた（現在なら1500万円はかかるはずだ）。私も現地で確認したが、とてもしっかりと施工されており、スペースの配分にも無駄がない。コンテナハウスは業者選びが肝心だということがよく分かるお手本のような出来栄えだった。

さて、ここからはコンテナハウスの空間レビューである。まず印象的だったのは、実際の数値より遥かに広く開放的な空間であったことだ。延床面積はわずか27平方メートル、ワンルームマンション程度の広さなのだが、コンテナだけに縦に長い。さらに奥行きが約6メートル、通称20フィートタイプのコンテナを二つ縦につなげた結果、40フィート、つまり12メートルというとてつもない深い奥行きが生まれたのだった。これが功を奏している。

ワンルームだとすれば、食事も調理も寝るのも同じ場所になってしまうのが普通だ。ましてや図書館までとなると、到底そんなスペースは確保できるはずもない。しかし、幅の制約があるコンテナの特性で、コンパクトな空間においてゾーニング（理想的な

玄関ドアを開けると、このように壮大な奥行きが広がる。一番奥は寝室になっている

雨や直射日光による暑さをしのぐため玄関と寝室の窓に庇を設置した

コンテナを二つ並べたのがよく分かる(上)。入り口すぐが図書館スペース

間取りを実現するための空間分けのこと）がしやすく、玄関を手前にして奥に向かってトイレ、私設図書館、キッチン、洗面、浴室、寝室&収納と理想的な配置となっている。狭さを感じないどころか、一直線に伸びる広い空間にいるかのような感覚になる。これには驚いた。考えてみれば3ＬＤＫマンションのリビングの間口が6～8メートルであるから、一直線の12メートルという空間がいかに広く感じられるか、想像いただけると思う。

また、鉄でできていて頑丈なこととユニークな形状、そこに鮮やかなカラーが相まって、ローコストハウスには見えないのもポイントだ。この点は木造のローコストハウスでは実現できない大きなアドバンテージだ。こんなオブジェのような住まいなら、年を重ねても、「かわいらしいお洒落なおばあちゃんが住む箱」としてご近所では愛されていくことだろう。

住み始めて分かった小さな困りごともあるという。一つは夏の西陽が玄関ドアを照らし続けていると、建物が鉄製だけに室内側ドア近辺もかなり暑くなってしまうこと。もう一つは、窓に庇がないので直射日光が入りやすく眩しかったり、小雨でも窓が開けられなかったりすること。この二つは今後なんとかしたいとのこと。

私が提案した解決策は、まずは玄関ドアに遮熱塗料を塗ることだ。できれば外壁や屋根面にも塗るのがいい。これで夏の室温が今より4度ほど下がるはずだ。また、玄関ポーチの庇下にタープや簾を引き、さらに庇の先端から地面に向かってルーバー状の日避けを設置するとより効果的な熱対策となる。窓の直射日光については、追加工事となるが、窓の外に長めの庇を取り付けて陽差しを遮るという提案をした。


余談であるが、同行した知人はお土産にと老舗の高級カステラを持参していた。それがKさんのコンテナハウスにそっくりだったので「まるでカステラみたいですね」と冗談を言うと、いたく気に入られた様子で「カステラハウス」と命名された。

それから1年ほどが経ったつい先日のこと。「この秋、ようやく図書館をオープンできることになりました」という便りをいただいた。「カステラハウス」は今頃、近所の子どもたちと、そのお母さんたちがひと息つける憩いの場所になっているはずだ。

case

2

ローコストハウスから一転、高機能ハウスが正解だったMさん（58歳）

「いやー、この年になっての一人暮らしは冬の寒さが身に染みるんだよね」。60歳を目前にしたMさんが人生初の家を建てる決意をした理由はこれだった。

Mさんは住宅について今まで無関心だったせいで知識がない。だからアドバイザーとして家づくりに関わってほしいと依頼を受けた。経験値がない状態で人生最大級の出費である新築に一人で挑むのは、確かにちょっと荷が重い。何が正解で不正解かも手探りの状況で建築のプロ集団を相手に渡り合うわけだから。Mさんと同じような理由で、私のような利害関係のない建築士にアドバイスを受けながら計画を進める人が増えている。

家に対するこだわりは千差万別である。完全オーダーメードで思いどおりの空間を手に入れたいならば、建築家が主宰する建築設計事務所に依頼するのがいい。逆に雨風と地震に耐える家であればいいならば、ローコストハウスメーカーや地元で活躍する規模が少し大きめの建築会社（パワービルダーと呼ばれる）に依頼するのがいい。とはいうものの、このチョイスを自分の希望に適合させるのは簡単なようで難しい。

私の場合、建築家が主宰する建築設計事務所なので、本来ならMさんと設計業務委託を結び二人三脚で設計の提案をしたいところなのだが、ヒアリングの結果、Mさんは取っ手の質感や浴室から感じる眺めの良さなど五感を刺激させるような空間に幸せを感じるタイプではなく、機能性をとことん重視するタイプ。それも寒さ対策を主軸に考えているということで、今回はオブザーバー契約に切り替えた。そして住宅展示場のモデルハウスのような地震に強く、数値に裏付けされた機能的な家を手に入れることを一緒に目指した。

2年を費やして完成したのは、木造の平屋建て住宅。屋根には太陽光発電パネル、外壁はすべてタイル貼り、窓はトリプルサッシュ、災害時の助けになる蓄電池と温水床暖房付きエコキュート、玄関ドア含めた外部開口部にはセキュリティシステム付きの高気密・高機能な住宅が完成した。

新居は眺めの良いちょっとした丘の上なので、駅から上り坂を20分は歩く。終電で疲れて帰るときに道が暗く少し寂しいが、「あったかい我が家（精神的な温かさではなく、性能的な暖かさ）に帰れると思えば足取りも軽い」とのことだった。

Mさんは大学卒業後、半導体関連の会社に入社。以後、ずっと営業畑で過ごした。数年ごとに転勤があり、その都度、段ボールをまとめて次の町に移り住んだ。仕事に情熱を注いだMさんは仕事ぶりが次第に評価されるようになり、出世も早かった。転勤先でパートナーにもめぐり会い結婚し、公私ともに充実した毎日を送っていた。

やがてパートナーはフランス料理店の開業を夢見て単身でフランスに修業へ向かうことになり、Mさんもそれを応援することにした。何度か一人きりの転勤が続いたあと、ようやく転勤人生は終焉し、地方都市で凱旋帰国するパートナーを迎えようと待つことにした。

しかし、さまざまな事情が絡み合い、その日はやって来ず、人生のファーストシーズンを終えたのだという。残されたのは一日中、陽が当たらない寒い部屋に段ボール箱だらけの借家。それで冒頭の「寒さが……」という話になったわけだ。

断熱性が高く、省エネ仕様なのに加え、自然エネルギーで発電・蓄電する高効率な住宅

キッチンからリビングルームを見渡す。居ごこちがよく友人たちがよく遊びに来るという

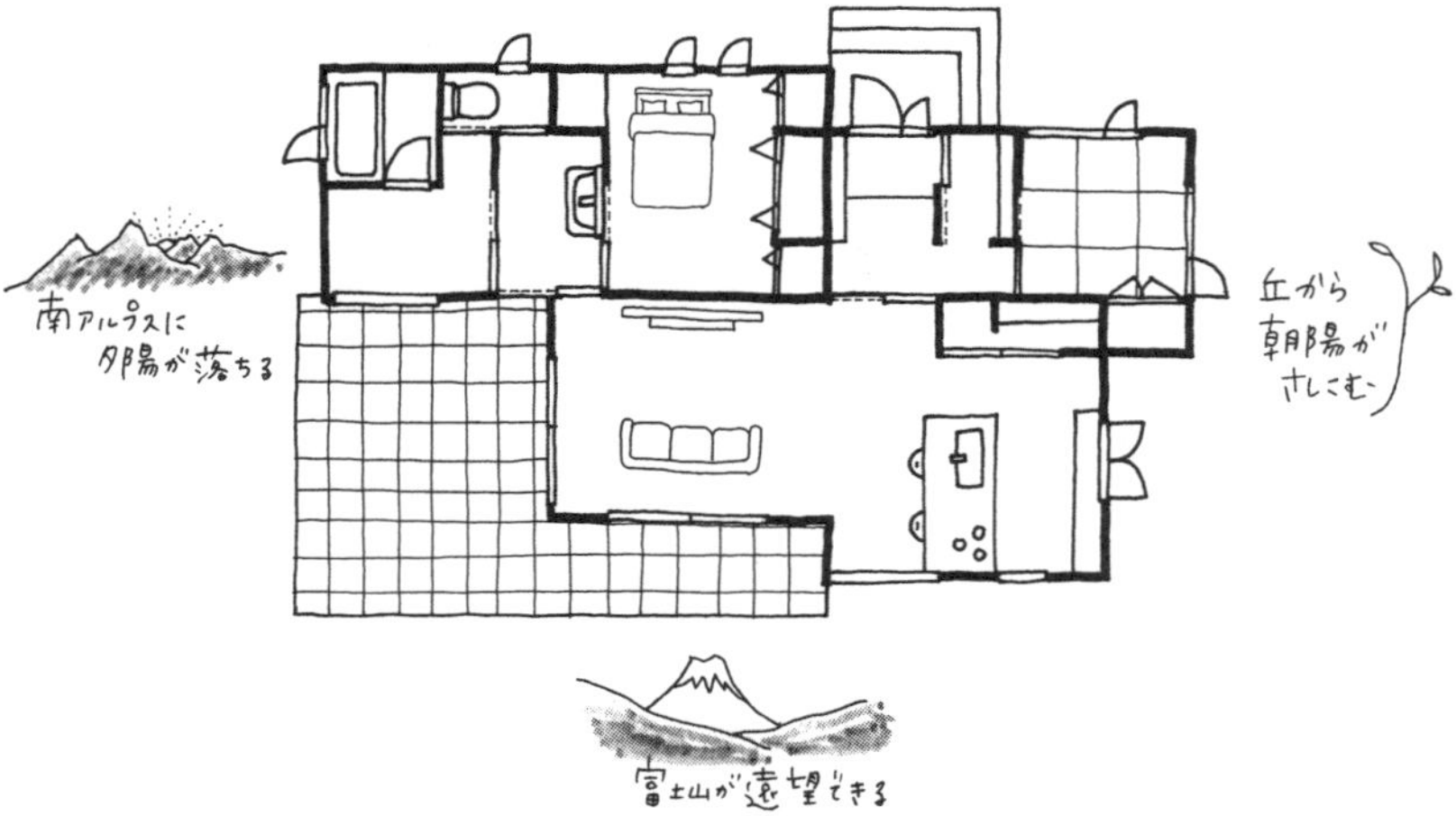

「この辺は実家の田舎のように空が広くて、緑も豊かでほっとするんだよね。だからここに根を張るために、冬も快適に過ごせる家を建てたいと思ったんですよ。資産や家を残す家族もいないし、実家は弟が継いだので、そちらも片付いた。家を建てるのにちょうどいい時期かなと思って探したら、近くに富士山や南アルプスが一望できる土地が見つかって。だから湯山さん、現地でアドバイスをもらえませんか？」

目当てのその土地はなだらかな丘の上にあった。もとは畑で広さは約500平方メートル、土地代は600万円也。平坦地で既存植栽伐採込みの更地の価格だというから驚くばかりだ。別荘地でもないので土地の管理費もかからない。土着の集落といった感じでもなく、ちょっと道を下れば新築住宅も多い。生活用品などの買い出しにはクルマが必須であること以外は取り立てて不便はなく、とても魅力的な場所だ。

建物については最初から平屋を希望していた。最初は「家はちょっと暖かければいい。借金も少なくしたい」との希望でローコストハウスメーカーと話が進んでおり、営業マンと3回ほど打ち合わせて間取りと総額がほぼ決まった。

ところが、あとは請負契約を進めるだけとなった段階で、Mさんはハタと考えた。

これまで家に帰れば段ボール箱の山に囲まれた生活だった。箱の向こう側にはどんな未来が待ち受けているのか知る由もなかったが、公私ともに新しいステージが始まった今、いろいろなものから解き放たれて自分だけの人生、自分の心を膨らます人生を送っていきたいと心から思うようになった。そして今の自分に必要なのは、人生を肯定してくれる空間だということに気が付いた。

翌日、ローコストハウスメーカーには丁重にお断りの連絡を入れ、彼流に描いた暮らしに舵を切った。半導体関係の仕事をしていて宇宙や軍事産業などにも関わりが深かったこともあり、データに裏付けられた家づくりは彼にとって絶対の信頼があったのだ。「数値は裏切らない」ということだろう。

新たなパートナーに選んだのは、高性能を売りとしている準大手メーカー。Mさんが望む高性能な設備をすべて含めるとこのメーカーが一番安上がりだった。設備をパッケージにしているから、あとから割高になる追加工事が少ないのだ。ただし、設備には必ずメンテナンスが必要になる。太陽光発電ならパワーコンディショナーが、エコキュートなら給湯設備が、蓄電設備なら電池の取り換えが10～20年ごとに必要となる。ゆえに私は初期の段階でMさんに「ハウスメーカーにランニングコストを含めた総額を算出してもらうよう」提案した。

気になるコストだが、延床面積が約95平方メートルで建築費が約3000万円、外構費が約500万円。土地と諸経費を合わせると総額で約4500万円の投資であった。住宅ローンは自己資金を差し引いて2000万円程度を組んだ。

完成した家に招かれた。夏の暑い日だったが、玄関を開けると涼しい風に迎えられた。高気密・高断熱の全館空調なので、エアコンを効率的に稼働させることができるため、すこぶる快適だ。スマホアプリで浴槽のお湯張りから湯加減の温度管理までできるのも気に入っているという。リビングのドアを開ければ、勾配天井で開放的な大空間が広がる。

料理が趣味だというMさんらしく、料理で仲間をもてなす工夫もされている。ペニンシュラ型（片方が壁に接している半島型）の対面式のキッチンにはたっぷりの奥行きがあるバーカウンターが付き、調理をしながら会話も楽しめる。落ち着いた座敷の個室も用意されており、ゲストは離れの宿のようにくつろげる。リビングの南の窓からは富士山が遠望でき、西の窓からは南アルプスも見える。ペルシャ絨毯の上の上等な革のソファーに身を委ねて、稜線に陽が落ちるのをゆっくりと眺める。そんな贅沢な暮らしを手に入れたMさんだった。

日本の場合、土地の価値は上ぶれすることもあるが建物の価値は時間を経るごとに確実に下がる。そういった事情から新しく土地・建物を手に入れる場合は、資産の目減りがないよう土地が重視される傾向にある。また住宅ローンを組む際、土地の担保性（市場価格での土地代）が低いと住宅ローンが組めない場合が多かった。子どもがいないMさんは資産を残すことはさほど考えなくてもよかったので、建物に予算を多く使い、思い切った選択ができた。

売却時に資産価値がゼロに近くなる可能性もあるので慎重な人生設計が必要だが、今の自分が豊かに暮らすことを最優先に考えると、どんな事態が起きるのか？　その道のりを含め、非常に参考になると思う。

case 3

80代・60代で終の住処を建てたTさんご夫婦

「急ぎで60ハウス（ロクマルハウス）を建ててほしい」と連絡をいただいたのは60代のTさんという女性からであった。「60ハウス」とは拙著『60歳で家を建てる』で提案した、60歳の夫婦がコンパクトに暮らすのにちょうどいい平屋のことだ。書店で見かけ、読了後、夫と二人で住むなら平屋がいいと決断したらしい。

早速現地確認に向かう。ご夫婦の住まいは、かなり以前に購入した中古住宅で、公道から階段を20段下がった場所にあった。窪地《くぼち》なので日中でも、あまり陽が当たらない。ちょっと部屋の内部も傷んでいる。

打ち合わせはずっと妻であるTさんだけの参加だった。何度目かのとき打ち明けられたのは、「実は主人は84歳と高齢で、現在は入院中なのです。退院後はおそらく足が思うように動かなくなるので、外階段の上り下りができなくなる可能性が高いでしょう」とのこと。たまたま夫が所有する雑木林があり、伐採して駐車場にしたばかり。海沿いで陽もよく当たる場所だったことから、そちらにバリアフリー住宅を建てれば解決するのではないかと考えたそう。

コンパクトな平屋はバリアフリー化するのに最適だ。建築費は当時で2500万円ほど。貯蓄でなんとか工面できる金額だったため、夫からは「あなたの好きなようにしていいよ」とGOが出た。こうして超特急で設計を進め、工務店さんにも最速でどうにか頼む！　と見積もりをしてもらった。

数か月後、建築請負契約の締結のため、仮退院されたTさんのご主人にお会いした。契約のサインをいただいたあと、少しだけ雑談をする時間があったが、聞けばお二人には子どもはなく事実婚とのこと。話すほどに夫からTさんへのこれまでの感謝の気持ちが自然と伝わってきた。

工事は自分史上最速で進んだ。完成した「60ハウス」は、勾配天井がリビングからバルコニーまでつながる開放的な空間が特徴だ。リビングから入れる洗面脱衣室を通り過ぎれば、そこは夫のプライベートルーム。座椅子のように背もたれが変化する電動ベッドから、窓越しに海を見下ろすことができる。また、車椅子でも移動がしやすいよう、部屋から直接トイレにも行ける配置とした。

しばらくして「主人は海を見ながらとても満足そうでした」とTさんより連絡をいただいた。そのとき知ったのだが、完成後まもなくTさんの夫は旅立ったという。そう、この家はTさんから夫への、最期の時間を一緒に過ごすためのプレゼントだったのだ。海を眺めながら互いを案じ合う姿を想像して、私も感無量であった。

この家は、夫から妻へのプレゼントでもあった。Tさんはこれから先、30年は住まいの心配をすることなく、美しく穏やかな日々が過ごせることであろう。仮に介護施設に移ることになったとしても、高齢者に配慮した使いやすい平屋であるから人に貸したり、売却もしやすい。

60歳を過ぎて家を建てるのも悪くない。こんな幸せが生まれるケースも実際にあるのだから。

海が見える高台に建つ「60ハウス」。車椅子でも出入りができるようスロープを設けている

リビングの風景。本来の「60ハウス」の間取りよりも余裕のある設計としている

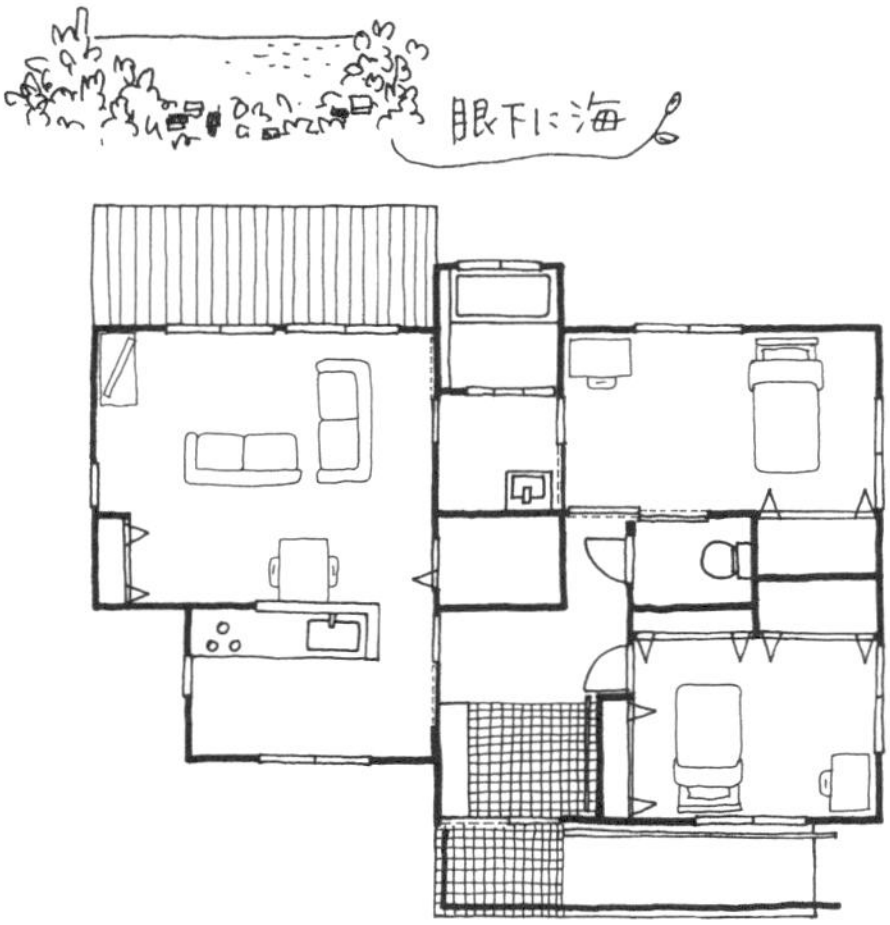

case
4

男子リノベの理想郷？
Sさん（61歳）の童心の家

Sさんの住まいは、もともとは山の頂にある茶室だった。それを私が洋館にリノベーションをしたのが数年前のこと。

新居祝いにうかがうはずがコロナ禍で延び延びになって早5年。ようやくお邪魔できた彼の住まいは、アラ還でシングルのSさんのおもちゃ箱になっていた。

茶室を改造したので床面積は30平方メートル足らず。スペックだけならさぞ貧相な暮らしぶりなのでは？　と心配されるかと思うが、天井を高くして天窓を付けたり、廊下をなくしたり、ロフトを活用することで実際の床面積よりずっと広々と感じられる。南側の掃き出し窓からはウッドデッキ越しに太平洋を臨むこともできる。訪問した際はあいにくの雨であったが、空と海とのグレーのグラデーションがぼんやりまどろむ時間を与えてくれた。

「夏だと水蒸気で海が霞むけど、冬はコバルトブルーになる。そこが気に入っているんだよね」とSさん。住み手ならではエピソードだ。玄関を開ければLDKが広がる。リノベーション工事の際にはSさんが独自に入手した古い建具や電気機器などを取り付けたのだが、すべてアップデートされていた。自家製の窓、ブラインド、棚、ベッド、調理器具を吊り下げる格子、外には農機具倉庫に木製フェンス、シャワー。すべて自分でつくったという。現役時代はパソコン黎明期からのコンピュータープログラマーだったSさん。ゼロからつくり上げることが好きでたまらないといった様子。細部や仕上げの完璧さにはこだわらず、夏休みの工作のように独創的だ。

それだけにとどまらない。すべてがSさんの世界観で埋め尽くされている。部屋には見たこともない外国製の電動自転車がバラバラになっている。倒産した自転車メーカーの中古不動品をネットオークションで3台も入手し、ばらして組み立てているそうだ。かと思えば懐かしの2チャンネルアンプのオーディオセットが一角を占め、スピーカー前には一脚の肘かけ椅子が。これまた年代物のビートルズのオープンミュージックテープを聴きながら、雨のSさん宅訪問はあっという間に過ぎていった。

S邸の外観。一人暮らしならではの開放的な間取り。バスタブからも海が見える

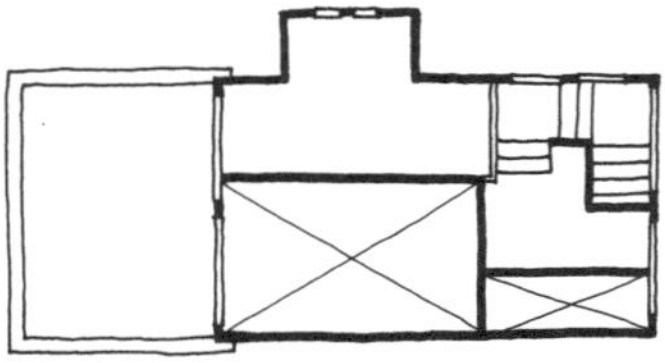

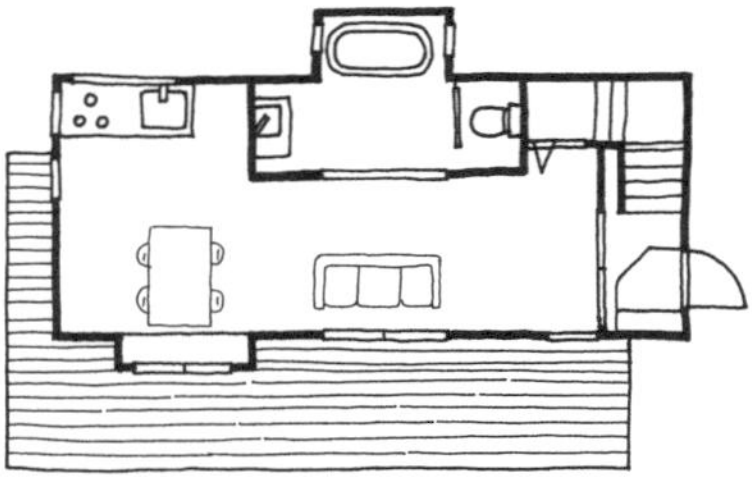

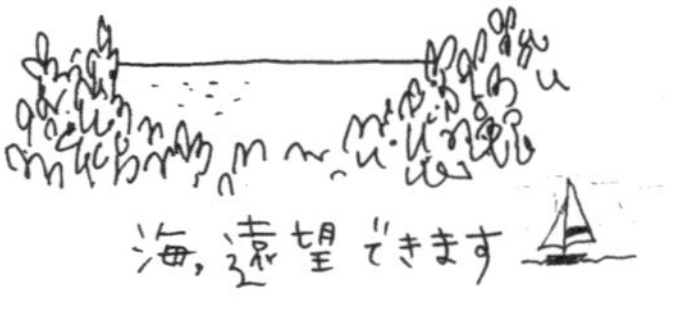

Sさんになぜ ＤＩＹするのか？　と尋ねてみたら、こんな答えが返ってきた。

「老後はどうせ、みなさん暇があるでしょう？　動画サイトやネットで大抵のことは調べて自分でできるから、今までできなかったことをやってみたいんだよ。マンションだったら大工工事はできないでしょう？　暇を持て余したうえに人にやってもらうことばかりが増えてもね（笑）」

自分にとって価値のあるものは何か？　Sさんにとっては古い道具をゆっくりと時間をかけてもとどおりにして、その時代を懐かしみ味わうことがまたとない喜びとなった。山の頂の家では、今日もここちよい音が聞こえているに違いない。

case

5

両親が残した農家住宅で週末婚を営むＩさん（63歳）

都内のＩＴ企業に勤めていたＩさんは定年退職後、都心から電車で2時間程度の場所にある空き家になっていた実家に移り住み、畑で健康的な汗を流している。

兼業農家だった実家は6年前に両親が旅立ち、相続税の支払いも終わった。眺めの良い丘の上にある実家には小さな畑があり、現在はそこで単身で家庭菜園づくりにいそしんでいる。収穫物は沿道の無人販売所に置いたり、お隣さんに配るコミュニケーションツールとしても活躍している。同じものばかりだと飽きるからと、動画サイトを観ながら珍しい野菜の栽培にも余念がない。

自分の生まれ育った場所だから古い友人も多く、話し相手もいる。孫も夏休みにロングステイして真っ黒になって帰っていった。こんなふうに一年のほとんどを実家で過ごしている。

一方、週末に電車でやってくるIさんの奥様は土間やかまど、田の字の間取り、太い柱など農家住宅のしつらえに興味があり、その空間で採れたて野菜の薬膳料理をこさえるのがとても楽しいとのことだ。若いときにコレクションしていた骨董の器や自分で焼いた茶碗を持ち込んでは、毎週のように古民家ランチを夫婦で楽しんでいる。都内の自宅は生活に便利、近くに医療施設も充実しているので、これから増えるであろう身体のメンテナンスをする拠点として残している。

「そんなに楽しいならこちらをメインにすればいいのに」と思うのだが、「いいえ今は週末だけで十分」とおっしゃる。理由は……要するに寒いのだ。天井が高く囲炉裏《いろり》がある家なので、冬は囲炉裏で火を起こし、煮炊きでもしない限りとてつもなく寒い。夏は夏でたくさんの虫が出る。寒さ暑さ対策に窓や床下、外壁、屋根裏と隅々まで断熱工事をすれば、広いぶん新築の建売住宅並みの費用がかかってしまう。

そんなわけで目下の現実的な対処策として、メインの部屋と寝室に限定した防虫&断熱工事を模索中である。

case

6

両親と同居の家で趣味を満喫するNさん（57歳）

実家で親と同居する。昭和の時代には負い目や引け目を感じることが多かったが、今はダイバーシティの時代。さまざまな人生の形を受け入れやすくなった世の中であるから、満ち足りた時間を過ごした者勝ちである。自分が思うほど世間はあなたのことを気にしていない。身なりと家をこざっぱりしておけば、たいていはＯＫ。嫁とのバトルや小姑のレフリーも必要ないから、ストレスフリーでサバサバした暮らしができる。誰にも邪魔されず、趣味にも思う存分没入できるのもうれしい。これなら家を建てたり住み替えなくても幸せに過ごしていける。そんな一例を紹介しよう。

「子ども部屋おじさん」を地でいくNさんという知人がいる。「子ども部屋おじさん」とは「中高年になっても独身のまま実家に住み続ける人」という意味のネットスラングだ。そんなNさんが住む実家は立派な農家住宅。農機具置き場にはドイツ製高級車が鎮座している。たまに遊びに行くとボンネットの上でネコが居眠りをしたりしている。

Nさんは地方公務員。親が農家でアパート経営もしている。アパートは一定期間、業者が一括で借り上げてくれるので、今のところ暮らしは盤石だ。独身なので気楽なものだ。生粋のオーディオマニアでもあり、サラウンドシステムやプロジェクターを使ったホームシアターには目もくれず、今でもステレオ一筋で40年。

そんなオーディオ遍歴が詰まった彼の部屋はすごいことになっている。母屋の廊下の一番奥を右に折れて、さらに突き当たりまで進んだ八畳間の奥座敷がNさんの部屋である。ドアを開ければ、壁一面に隙間なく並んだLPレコード棚。両脇には外国製の巨大なスタンド型スピーカー、本棚には外国製のプリメインアンプやレコードプレーヤーが置かれて、大音響でクラシックやポール・モーリアを聴かせてくれる。涙が出そうなくらいにいい音を響かせている。悔しいが敵ながらアッパレだ。

かくゆう私もかつてはオーディオマニアだった。学生時代、バイト代でアンプやスピーカーを手に入れては友人らと音を競い合ったものだ。マニアならご理解いただけることと思うが、オーディオ沼にハマると財布が軽くなり、食事が質素になる。当時は聖徳太子がヒラヒラと笑いながら飛んでいった。それなのに……結婚すると大きなスピーカーを置く場所がない。30キロ近いアンプも邪魔者扱いだ。愛妻が強くなるたびにオーディオの立場が弱くなり、やがてドナドナされてしまう。「こんなに大きい物を置く必要がどこにあるのか？」と。オーディオマニアあるあるである。

彼のように自分の趣味の部屋が持てるなんてなんとうらやましいことだろう。ただ、実家住まいの場合、趣味の部屋は音や匂いなどで周囲を不快にさせない配慮が必要だ。両親やご近所に迷惑をかけないよう、簡易的でも防音工事と個別換気ぐらいは施しておきたい。独身の趣味人なら同居の両親と活動時間の差もあるだろう。理想をいえば専用の洗面脱衣所や浴室、トイレを増設して休息時間の妨げにならぬようにしたい。ビジネスホテルにあるような3点ユニットでいいので、お金をかけてあげよう。

最近は、実家で親と同居していた還暦前後のシングルの方からのご相談が多くある。親の介護を続けて看取ったあと、今後の住まい方をどうするのがいいか相談したいというケースが多い。

相談者の思いは大きく二とおりに分かれる。愛おしさからか親が建てた家を壊すことができず、壊れた部分のみの修繕を繰り返し、朽ち果てるまで住み続ける人。もう一方は、看取ったあとに思い出だけを胸に収め、自分の人生の第二幕を整えるべく実家を処分したり、建て替える人。

正解はない。しかし子を持つ親としては、子どもには何人にも縛られず自由に歩んでほしいと願うものだ。

最後に一言いいだろうか？　振り返れば子育てや仕事が忙しくなる頃には、私はすっかりヘッドホンに調教されてしまっていた。しかし、子どもが社会人になった今、私は以前の私ではなくなっている。かつての輝きを取り返すべく、AVシステムを組み、ちょっと高くした天井の壁一面にぶら下げたスクリーンにプロジェクターで映画を投影し、心おきなく鑑賞しているのだ。元オーディオマニアだった同志よ、今こそ立ち上がれ！

case
7

空き家となった互いの実家を活用し卒婚したOさん（62歳）

大手企業を退職されたOさんは、地方公務員を退職された妻と一緒に都内の賃貸マンションで暮らしていた。一人娘はパートナーと海外に渡り、帰省するのは年に1〜2度だ。退職後は四六時中、夫婦だけで顔を合わせる毎日。仕事をしなくていいと喜んでいたのは最初のうちだけで、日々のメリハリがなく人生が空っぽに感じられることもある。狭い賃貸なので、互いの機嫌が悪いときなどは息が詰まりそうだ。

そんな折、偶然にも同時期に双方の実家が空き家になった。どちらも東京郊外の新興住宅地にある物件だ。Oさんのご実家はリフォームをすれば、20年ぐらいは住めそう、妻の実家は築古で大きいのでそのままでは快適に暮らせそうにない状態であった。

最初に動いたのは奥様のほうだった。「小さくてもいいから理想の平屋を建てて、テラスで陽を浴びながら庭で摘んだハーブでお茶を淹れて過ごすのも悪くないかなと、自身の退職金と蓄えを費やし、建て替えに踏み切った。同時に「あなたも実家をどうにかしないと」と諭され、自分で物をつくることが好きなOさんも一念発起。実家をDIYして住んでみることにした。

「やっぱり一緒の家がいいと思ったら、いつでも戻れるしね」と、二人は都内の賃貸は解約し、別々の暮らしが始まった。それから3年。Oさんは実家の庭先に小屋をつくりアマチュア無線のアンテナを立て、すっかり童心に返っていた。奥様も愛猫と温室の花に囲まれて、穏やかな時間を過ごされている。

奥様の平屋はゲストルームがあるので、万が一、どちらかが介護が必要な状況になっても、生活をともにできる余裕がある。階段がない平屋は年老いて足腰が弱ったときでも住みやすい。こちらは新築で建て替えているので、設備や断熱の面でもOさんのご実家より快適に過ごせるだろう。仮に夫婦が旅立ったとしても、娘さんが住んだり、賃貸に回して収入を得ることもできる。

「あのままだったら離婚していたかもしれない」と語るOさん。気持ちにも経済的にも余裕がある夫婦が「別々に居を構える」という選択肢があってもいい。卒婚と不仲の別居が決定的に違うのは、卒婚では互いの心が解放されてより人生の満足度が上がることにある。二拠点生活と考えれば、それぞれが本宅と別荘が持てるから贅沢な人生になっていく。

なお、二人のように双方の実家をきちんと活用または処分ができているのはレアケースである。第6章でくわしく解説するが、空き家問題は早めに手を打っておかないと大変なことになる。子の世代まで古い実家を残しておくのは得策ではなく、最低でも何がしかの道筋をつけてからバトンタッチができるようにしたいものだ。かなりの気力と体力が必要になるので、親がまだ元気なうちに早めに親族間で話し合い、方向性を決めておくことをお勧めする。

case

8

遺産係争中のBさん（59歳）に勧めたい出口戦略は「おひとりさまハウス」

50代男性のBさんは3回目の係争中。亡き父母の残した100坪の土地を親族で争い、既に10年以上の月日を費やしているという。

かつて著名人の家が軒を連ねて賑わった関西のとある別荘地。Bさんのご実家があるのはそんな由緒正しき場所である。相談者のBさんは会社員でシングル。今はまだ食事付きの社員寮住まいだが、退所期限が迫っている。賃貸マンションは60歳以上になるとなかなか貸してもらえないと聞き、焦り始めている。ただでさえ裁判資料の作成などで忙殺され体調のすぐれない日も多く、悩みが尽きない。

係争相手の親族は妻帯者でご子息を持ち、大手企業勤めで順風満帆。亡き両親の土地を当てにしなくても経済的なゆとりはあると思うのだが、100坪の土地を平等に分け合うのは双方にデリケートな問題があり厳しいらしい。よって主張が隔たり法廷に持ち込まれたのだが、持ち分の割合を決めるだけで10年もかかった。今は土地の区画割りで係争中である。Ｂさんは今のところ自身の財産を残す相手はいない。このままでは親族のご子息が相続対象になってしまうこともありえるだろうが、それだけは許せない。

そんな事情を見据えてか、親族は長期戦の構えである。もはやＢさんにとっては兵糧攻めを受けているようなもの。見方によっては、毎日、裁判の準備にあれこれ追われ、人生を忙殺されているようなものである。経済的、精神的に余裕がなく、相続でもめるという事例は多いのだが、もう少し柔軟に捉えて晴れやかな毎日を取り戻してほしいと願うばかりである。

そんなＢさんのようなシングルの方には、心の開放をコンセプトにした「ぴっころハウス」（179ページ参照）を提案したい。要するに一人暮らしにぴったりのスモールハウスを建てるのだ。

都会の狭い土地でも建てられる「ＴＯＦＵハウス」、定年後の夫婦二人のための

「60ハウス（ロクマルハウス）」とコンパクトハウスをあれこれ提案してきた私だが、「もっとコンパクトな家がほしい」と希望する方のために考えたのがおひとりさま専用の「ぴっころハウス」だ。こちらは二階建てで延床面積が約54平方メートル。約45平方メートルの土地があれば建てることができる（建蔽率が60パーセントの土地の場合）。自宅オフィスやガレージとして活用することも可能だ。こんな小さくて個性的な家を建てて住めば、満たされる毎日にシフトチェンジすることができると思う。

case

9

コミュニティハウスを泣く泣く断念したDさん（64歳）

地方都市の駅前商店街で商店を営んでいたDさんのご実家は、今は空き家となっている。ご両親が他界してからは、月に一度のペースで帰っている。リスキリング（学びなおし）のために大学院に入学し、資格を取るべく月に1度の通学の際、宿代わりに使っているのだ。

実はＤさん、実家から１０００キロも離れた場所を終の住処としている。実家は徐々に傷んできて、商店街のイメージにも影響するようで申し訳ない気持ちでいる。そこで「お世話になった商店街のために、地域のコミュニティカフェにリノベーションできないだろうか？」とご相談を受けた。

要望を汲みつつ、なるべく費用を抑える工夫をしたが、それでも予算は２０００万円を下らない。大正時代の建築なのでこれだけのコストをかけても耐震性は新築に遠く及ばない。すべてを完璧にしようとすれば青天井となってしまう……。

数か月後、この地方を爆弾低気圧が襲った。幸いご実家に大きな被害はなかったのだが、近隣の市町村では老朽化した建物の屋根や外壁が飛んでいく被害があった。同じようなことが起きて、隣人や隣地を傷つけては大変なことになる……。Ｄさんは悩み抜いた末に、コミュニティハウスは諦め、更地にしてコインパーキングにすることにした。幸いにして隣地にクリニックが開業され、需要は安定している。街の人からも喜ばれた。コミュニティハウスの夢は潰《つい》えたが、結果的に大満足されている。

Ｄさんの実家のように商店街に近い場所なら、空き家を解体し更地にしてコインパーキングにするという解決法がある。

コインパーキングの事業者だが、大手不動産会社から地元のガソリンスタンドまで群雄割拠の状態である。賃料収入については、各社の得手不得手があるようで条件により大きく隔たりがある。検討するのであればまずは近隣のコインパーキングの業者を調べつつ、インターネットのサービスで数社に見積もりを取ってみるのがお勧めだ。解約方法についても調べておけば抜かりはないだろう。

case 10

あと10年早ければ、実家をフル活用できたGさん（62歳）

空き家になった実家の再利用の件で、またもや相談を受けて現場確認に行った。都内のベッドタウンで、川沿いにある気持ちの良い場所である。築40年の木造三階建住宅は比較的良い状態でメンテナンスされ、外壁と雨漏れの一部を直せばまだまだ胸を張って住める佇まいである。

依頼人のGさんのおとうさまは、小屋裏をアトリエにしてステンドグラスや木工作品をつくっていた。リビングには自作の本格的なステンドグラスをはめ込んだ大きな窓がある。

お邪魔したのは5月初旬のこと。庭からの木漏れ陽がステンドグラスを通してリビングに降り注ぎ、穏やかな時間が流れていた。居間のコンポーネントステレオの上には若かりし頃のGさんが大好きだったシティポップのレコードが積まれている。レトロな雰囲気を残してリノベーションすれば、素敵な空間に仕上げられるだろう。

ただ、Gさんは都内にマンションを購入し、夫との暮らしを満喫されている。実の弟さんも地方都市に居を構え、ここに戻ってくることはない。家を残して活用するなら賃貸の他に民泊やハウススタジオ、レンタルルームとして貸し出す方法が考えられる。ただ、スタジオにする場合は駐車スペースがないことが、宿泊施設にするには駅までの距離があることがネックとなる。となれば賃貸が妥当ではないかと考えた。

しかしながら実家を他人に貸し出すためには、事前にやっておかなければいけないことが山のようにある。まず、リフォームの前に残置物の撤去がある。意外な盲点なのだが、思い出が詰まった品々に踏ん切りをつけて処分することが難しい。家族への情が邪魔をするのだ。おまけにその量も半端ない。Gさんもかれこれ半年以上、暇を見つけては月に数回、整理のために帰っているが、先が見えないとこぼしていた。

最後は処分業者の手を借りることになり、撤去費用が重くのしかかる。Gさんの実家のように木工やステンドグラスをつくるための工具、機械類があるとなおさらだ。


仮に実家をリフォームしたとしよう。残置物の撤去費用とリフォーム費用の総額を賃貸収入で得るには5～10年はかかる。利益が出るのはそのあとだ。50代前半であれば、60代から賃貸収入が得られるのでセカンドライフの一助になっただろうが、Gさんは既に62歳。収益化が70代になってからだとすると、もはや管理が大変だ。

よって今回は丸ごと売却し、現金化して姉弟で仲良く分け合って家じまいをするのが最良と提案した。

その後、Gさんは無事に実家を売却。老後資金に少し余裕が出たこと、台風や地震のたびに実家の心配をすることがなくなったことで、自由な気持ちになったという。さらに「ガレージセールをしたら、多くの知人・友人が父の作品を気に入り、引き取ってくれたことが何よりうれしかった」と晴れ晴れした表情で語ってくれた。

3

人生100年を
ヴァカンスに変える！

人生のステージごとに家も着替えよう

プラン75まで思う存分生きる

『ＰＬＡＮ75』という映画がある。

超高齢化が進む日本。政府は満75歳以上の高齢者が自分で死を選択できる制度をつくった。希望者にはいくばくかのお金を渡し、時期が来たら施設に入所し最期を迎える。高齢化の解決の切り札となるのと同時に、個人はその尊厳を守りながら人生を終えることができるという設定だ。

上映後、手続きに関わる若者たちの内なる苦悩、老人の心の揺らぎの描写に激しく考えさせられた。結末は本編で味わってほしいのでここでは伏せるが、私も多くの人が健康でアクティブに生きられるのは75歳ぐらいまでだと感じて生活している。実際、厚生労働省のデータによると、日本人の平均寿命／健康寿命は次のようになっている。

・女性　平均寿命：87・45歳／健康寿命：75・38歳
・男性　平均寿命：81・41歳／健康寿命：72・68歳

※数値は2019年のデータ。厚生労働省「e‐ヘルスネット」より。

健康寿命とは、「健康上の問題で日常生活が制限されることなく生活できる期間のこと」だ。50歳前後で人生をB面にシフトチェンジしたなら、約25年が思う存分に生きられる時間ということになる。

医師で作家の和田秀樹さんは、50歳が人生の分岐点であるとし、著書『50歳の分岐点』（大和書房）で、この時期を思春期ならぬ「思秋期《ししゅうき》」と名付けている。レトロな言い方では「第二の青春」ということになろう。

仮に75歳が自分の意思で自由に生きられる目安だとすれば、それを逆算して計画を立てる必要がある。何しろ25年もあるのだ。新卒で50歳まで働いたのとほぼ同じ時間を、今度は誰にも束縛されずに自分の意思で存分に生きることができる。

「いつか海のそばで暮らしてみたいと思っていた」「都会でいろいろなカルチャーを楽しんで過ごしてみたい」「軒先にコーヒースタンドを出してみたい」。いろんな夢があると思う。人生のやってみたかったことリストに今こそ挑戦してみてはどうだろう。

コロナ禍の4年間でみんな実感したはずだ。停滞したままでは何も生まれないし、つまらない。そして時はあっという間に過ぎていくということを。

人生100年時代のロードマップを考える

75歳まで存分に生き、そのあともここちよく暮らすためのおおまかなロードマップを考えてみた。人生のB面を楽しむなら55歳ぐらいから新しいスタートを切りたい。そう考えると40歳ぐらいからB面のプランニングを始め、10年ぐらいを準備期間に当てる。副業を軌道に乗せたり、老後の副収入につながる趣味を本格的に始めたりするにはいい頃合いだと思う。生まれ故郷に戻る、あるいは移住するためにも情報収集やお試し移住をしてみるにも十分な時間がある。

70歳を過ぎて、身体の限界を感じ始めたら健康に生きることを最優先とする。その後は自宅で暮らすのか、早めに施設に入るのかを家族と話し合って決めておく。どこかのタイミングでバリアフリーの平屋を手に入れたり、都市部に近い便利な場所でコンパクトなマンションに引っ越すのもいいだろう。

・40〜55歳：B面プランニング　〜どう生きるか？　何をしたいのか？　を具体的にする
・50〜75歳：自由に存分に生きる　〜次の天職を見つける・移住する・家を建てる　など
・70歳〜　：健康に不安を感じてきたら自立して生きることを最優先に
・80歳〜　：自立が難しくなったら施設も検討　〜あらかじめ施設の目処は立てておく

なお、50代以降は親が要介護で施設に入ったり亡くなったりして、実家が空き家になる可能性も高くなる。くわしくは第6章で触れるが、使う予定のない空き家は、なるだけ早く処分するか、業者に依頼をしてしっかり管理することをお勧めする。空き家問題を抱えていては、B面の人生を全力で謳歌できなくなるかもしれないからだ。

人生のステージごとに家を着替える

ここ数年の物価高騰で、モデルハウスに行くと新築住宅は否応なく3000万円からという時代になった。住宅ローンを組むと返済期間は30年を超えてしまう。30代で購入した場合、ようやく支払いを終える頃がリタイアのタイミングだから、体が元気なうちにと今度はバリアフリー工事が必要になって、これまた出費がかさむ。これでは家に人生を捧げ、支配されるようなものである。日本は災害大国でもあるので、水害、風害、地震があれば補修もままならない。精神的にも負担が大きい。

だから、「家を持つのはちょっと先に」「人生の大部分を賃貸で」という選択肢もアリだ。自分と家族の価値観や健康も時の流れとともに変化する。家だってその都度、変化したほうが楽しいに決まっている。若いうちはヤドカリのように住み替えるほうが自分の人生にその都度、アジャストできる。日本を脱出して世界を覗きたい衝動に駆られるときだってあるだろう。そう考えると、賃貸暮らしも悪くない。

社会人になったら、とりあえずワンルームを借りて住む。パートナーが加わったら

50平方メートル程度の住まいを借りる、子どもを養う必要が出たら一戸建てやファミリー向けの住まいに移る、子どもが巣立ったらまた50平方メートルぐらいの家に戻ってみる。そう考えていくと、ますます借りたほうが楽だ。

高齢になると賃貸物件を借りにくくなるという心配もあるが、既に日本の人口の3分の1は老人であるから、貸す側も高齢者はお断りと言っていられないようになるだろう。

中古住宅だって手の届く価格帯で豊富に存在しているから、リタイアメント前後に購入するのも手だ。小さくてちょっとオシャレな中古住宅やビンテージマンションを手に入れ、家具や食器などにこだわってみる。趣味を極めてみる。そんなふうに自分のセンスで生きるのがカッコいいと思う。

まだ若い方であれば、早めに中古マンションを購入し、ちょっと住んだあとに賃貸に出すという方法もある。不動産投資に興味があり、長期的に考えて動くことができるなら、将来家を購入するときの足しになるし、住む家がない場合のセーフティネットにもなろう。家も服のように人生のＴＰＯに応じて何度も着替えようではないか。

家は小さくていい

日本人はみな同じような姿カタチで髪形、生き方までもが似たり寄ったりだと評されてきた。だが、この一体感があったからこそ、みなで心通わせ一緒に田んぼや漁場を守り育んできた。尊い先人たちの足跡である。

時代は過ぎ、インターネットが普及しグローバル化の波がやってきた。さまざまな国からの訪問者、就労者、移住者が増え、今では彼ら彼女らの文化や発信する言葉、振る舞い、バックボーンを徐々に受け入れることにも慣れてきた。

ときどきハッと気付かされることもある。彼らの着眼点や観念の角度だ。信仰であったり、戦争観をきっかけに、テレビで観ていた正義のヒーローが絶対ではなく、世の中は立ち位置によって変わるのだと。良い悪いではなく、現実を素直に受け止めて真正面から向き合い、そして分かち合うことが大切だと。

次の目的地に向かって切符を手に入れたら一安心とばかりに、人生のレールの上を猪突猛進するのではなく、自分の足で、自分で決めた人生の目的地に向かう。多少の失敗はするかもしれないけれど、「なあに、今までの経験を生かし上手に乗り越えられるだろう」と進めば、自分だけの青い空と爽快な人生が眺められるに違いない。

そうと確信したなら話は早い。身軽なほうがフットワークも軽いから荷物も身に着ける物も必要最小限でいい。それらを包み込む家も小さくていいだろう。人生の冒険にはお金もかかるから、多少の軍資金も残しておきたい。ますます小さな家で十分になってきた。はるか遠くを目指したくなってくれば、家を引っ越す必要も出てきそうだ。やっぱり家は小さくしておこう。

終の住処は昔の話。たどり着いた理想郷で、愛おしいくらいかわいい小さな家で暮らしてみよう。マトリョーシカのようにだんだんコンパクトになる人生も潔い。

終の住処はいる？　いらない？

75歳まで存分に生きたとして、そのあとはどうするのか？　最終的に終の住処が必要になるではないか？　そんな声も聞こえてきそうである。

たしかに高齢になると賃貸物件が借りにくくなる。「老後に住む家がない」と騒ぎ立てるメディアの記事も見かける。しかし、だからと言って今住んでいる家を終の住処とするのは、人生の可能性を狭めることになるのであまりお勧めしない。

仮に30代・40代で子育てしやすい家を購入したとする。しかし、子どもは20年もしないうちに巣立ってしまう。残った家が夫婦二人暮らしにマッチしているかといえば、そうでない場合も多い。

もし、今お住まいの地域が気に入っていて、老後も住み続けたいと考えているなら、今の家で老後も快適に暮らせるかどうかを考えてみよう。「ちょっと大きすぎるかもしれない」「段差が多くて老後は大変になるかもしれない」などの不安があるなら、同じ地域で住み替えをするという選択肢もアリだと思う。

まずは家の資産価値を調べて、値段が付くようなら売却。しばらくコンパクトなマンションを借り、じっくり終の住処となる物件を探す。またはそのまま賃貸を続け、身体の不自由を感じ始めたら高齢者向けの施設に移ってもいいだろう。

子どもに不動産を残したいという考えもあろうが、今や売却ができずに空き家となれば、資産ではなく「負動産」になりかねない。そう考えると終の住処を持たずに生きる、すなわち終活として生き方をコンパクトにし、子どもの負担を最小限にすることは理にかなっていると思ったりもする。

とはいえ私も建築家なので、終の住処はいらないと断言するつもりはない。予算が許せば新築もいいものだ。コンパクトな家なら、今の大きな家を大規模リフォームするのと大して変わらない金額で建てられることもある。

私のクライアントにも老後に暮らしやすい家を新築して、第二の人生を謳歌している方がいらっしゃる。そして、全員が幸せそうだ。

高齢者は家を借りづらいというが……

高齢者が賃貸物件を借りづらくなる理由は、孤独死や認知症になってしまうリスクが高いからだ。仮に孤独死をされた場合、発見時の状態によっては、すぐには次の入居者を募集できなくなる。また、相続人や引き受け人が見つからない場合は、貸主側が探すことになり、残置物も勝手に処分ができない。

こうした問題は身寄りのない単身の高齢者に起こることが多いのだが、働き盛りの子どもがいれば連帯保証人になってもらうか、子ども名義で賃貸借契約をすれば多くのケースで問題なく審査は通るはずだ。

最近では高齢者歓迎の物件や高齢者専門の賃貸情報サイトもでき始めている。老後に賃貸で暮らすのも大アリな時代になりつつある。

小さな家を建ててみる

家族が増えるごとに増築を重ね、子どもが巣立ったり、パートナーに先立たれたら大きな家にはあなただけ。がら〜んとした継ぎはぎだらけの大きな家に、よりによって陽の光も届かない台所で一人で食事をするのではあまりに侘しすぎる。タイル床のお風呂も寒いし、小さな地震でも爆弾が落ちたかのようにすごく揺れて怖い。そんな僧侶の苦行のような場所で眉間にシワを寄せ毎日を過ごすのはもうやめよう。あなたの輝く次なるステージを歩んでいくのに、大きく重たく使い古したスーツケースのような家はいらないのだ。

いっそのこと家を建て替えてしまおう。子どもたちだって巨大ボロ家を残されても、処分に困るはずだ。解体費も高いから経済的な負担を強いてしまう。だから今度の家はバックパックのように小さくてちょっとお洒落な家を。

それからの生活をイメージしてみよう。今までクローゼットの奥に詰め込んであった衣類や雑貨をこの際整理して、バックパックハウスの中に詰め込むモノは普段使いとハレの日のときに使う2パターンだけを入れてパンパンにならない程度に厳選しよう。地味な服も脱ぎ捨て、明るい色の服を着てコンサートやミュージカルに行けば、劇場から出たとき、俳優のように軽快なステップを踏みながら機嫌良く歩いていることだろう。

そして小さくてかわいくお洒落な家に帰ってこよう。外灯が温かく迎えてくれるはずだ。和装が似合う年頃だから、着物で落語や演劇鑑賞なんてのも気分が上がる。若い頃の体力にはかなわないが、これまで歩んできた人生経験と知恵を生かせば迷うことなくこれからの冒険が十分できる。今の体にフィットした家を建てて、表情にも良きシワが増えてくれれば、友との会話も弾むはず。そんな若々しいあなたを見た子どもや孫も、今以上にあなたのまわりに集まってくるだろう。

お財布の紐は緩みっぱなしになるかもしれないが「生きたお金」の使い方だから悔いはない。さあ、バックパックに夢と憧れを詰め込んで次なる小冒険を味わおう。

賃貸マンション・ホッピング！

ビーチリゾート地で脚光を浴びているフィリピンのセブ島はダイビングやシュノーケリングなどのアクティビティを楽しむ各国からの観光客で年中賑わっている。

実はこのセブ島、１５２１年にマゼランが訪れ、のちにスペインによる統治国家ができるきっかけとなったフィリピン史の始まりの場所であり、現在でも第二の大都市だ。日本でいうと大阪のような位置付けといったところであろう。

美しい砂浜やサンゴ礁に出会うためには、街中から遠く離れた小島やセブ島の端まで移動する必要がある。移動は基本的には船。フィリピンには大小7000もの島があるから、フェリーターミナルは島に行く高速船でごったがえす。待合い室は空港のような混雑具合だ。

高速船に乗り込むこと2時間程で隣のボホール島に到着する。サイドカー付きのバイクに乗り換えてビーチに移動後、小舟の手配をするために現地の漁師に掛け合う。交渉が成立するとバンカーボートという波の揺れに強い小舟に乗り込み、魚がいるスポットまで運んでもらい、碇を下ろしてシュノーケリングに興じる。スポットごとに生息する海洋生物が違うため、そのたびに小舟で移動する。ここはサンゴ礁とクマノミのスポット、あそこはウミガメがたくさんいるスポット、向こうは戦時中の戦闘機が沈んでいるスポットというふうに。いくつかの小島にも上陸して昼食を食べたり、砂浜でまどろんだりするのだ。

ヴァージンアイランドという名前の島に行ったときのことだ。アイランドというのは名ばかりで、そこに島はなかった。あるのは海の上に簡素な木組みの屋台の土産物屋と弁当屋がぽつんと数軒あるだけ。……というのも潮が満ちれば島は沈んでしまう。毎日、干潮になればまた現れるから「ヴァージンアイランド」と呼ばれている。海の真ん中で膝まで海水に浸かった物売りの少年が駅弁売りのようなスタイルで小舟に寄ってきたのは不思議な情景だった。こうした小島ごとの特色あるスポット巡りを楽しむことを現地では「アイランドホッピング」と言っていた。

さて、人生を季節に例えた場合、シニア世代は「彩りの秋」という深みのある時期に差しかかった頃だろう。その時間をじっくりと味わうためにも人生のテーマごとにその都度拠点を移動して、そこからの景色を堪能するのも良いのではと思うのだ。

例えば、賃貸マンションをアイランドホッピングよろしく転々としてみる。

「よし、この2年間は毎日飽きるまで温泉三昧の生活をするぞ」と心に決めたら、静岡の熱海あたりの駅前にある温泉付きマンションを借りて住んでみる。映画や演劇、ライブコンサートに興じてみたいのであれば、東急東横線沿線の駅前賃貸マンションに住み、東京~横浜間の文化施設を終電を気にせずに行ったり来たりする。スキー三昧したければ新潟の越後湯沢、サーフィン三昧したければ千葉の御宿《おんじゅく》というふうに。

ちなみにセブ島は語学留学のメッカでもある。いっそのこと日本を飛び出してセブ島の賃貸マンションに住み英会話に磨きをかけて、次はニューヨークの賃貸マンションに住んでみる。そんなことを妄想するだけでも人生、楽しくならないか。

日本の賃貸市場は供給過剰気味なので、借り手市場。シニア世代であっても審査が緩めの傾向があるので、以前よりは労せず借りることができる。転々とするうちに、もし気に入った場所が見つかったら終の住処として、コンパクトハウスを建てるのもよし。見つからずにホッピングに飽きたら、生まれ故郷の古巣に帰るのもよい。

移転にあたっては家電屋さんがパッケージで販売する「フレッシュマン・一人暮らし生活セット」並みのボリュームに家財道具を圧縮し、自分が不要になったものはインターネットで必要としている誰かに譲ってしまえばいい。

ただし、心の拠りどころになる「思い出の写真」や「勇気や希望、励ましを与えてくれた品々」は一緒に持っていく、もしくは一部をトランクルームに保管しておく。これで、「賃貸マンション・ホッピング」する準備は完了だ。とりあえず数年、気ままに都会暮らしを楽しんでみるというのはいかがだろう？

田舎暮らしを考え始めたら

コロナ禍でソロキャンプが流行った。束縛を嫌い、おひとりさまで悠々自適に自然に埋もれて癒やされると人気である。でも、ソロだとちょっと寂しいとのことで、いいとこ取りを楽しむソログループキャンプという集団も現れた。対極にはもっとソロキャンプを極めたいと山林を購入して開墾してキャンプを楽しむユーチューバーも現れた。

人間誰しも自然回帰に憧れ野山に住みたくなるものだが、そんな田舎暮らしをぼんやりと考え出したら、このトピックの情報は参考になるかもしれない。

山中の安い土地は産廃業者、ブリーダー、ヤードがやってくる

私の経験上、山の中に住みたがるのは男性が多い。女性はもう少し生活の香りのする里山のような集落の一角に憧れるようだ。男性は本能的に自分で住処をつくりたいという願望があり、それを象徴するかのように敷地の周りには何もない場所を好む。

女性はコミュニケーションが生活の基本なので、隣の家の様子がなんとなくでも分かる距離に住める場所を好みがちだ。

よって男女のペアが一緒に物件を探すと、男はズンズン山の中に突き進む。道路は未舗装になり、軽トラしか入れない道でも容赦なく進む。そして行き止まり、にっちもさっちもいかなくなる。もっとも今ならあらかじめグーグルマップで調べてから現地入りするからそんなことも減ったが……。

そんな男性のみなさんにアドバイスしたいのは、山中にポツンとある売地には相当気を付けるべしということだ。それが安価だったらギャンブル地だと思ってほしい。悠々自適なスローライフを求めているかもしれないが、その辺の土地をビッグビジネスのための道具として求めている組織がいるからだ。

そしてそれは前触れなく突然やってくる。行政の規制も届かない治外法権のような場所。やってくるもの、その1は犬のブリーダーだ。木を切り倒し、ドッグランという名の繁殖場をつくり、放たれた犬たちは24時間常に吠え、臭いを放つ。

その2。解体業者もやってくる。敷地周りを高い金属塀で囲み、外部との接触を拒絶する。ヤードと呼ばれる秘密の場所では重機で騒音をまき散らしながら、いろいろなものを解体していくのである。

そして産業廃棄物処理業者が施設を建てに来ることもある。煙突からは規制値ギリギリの有害物質がシューシューと音を鳴らして吐き出され、大気中に散布され寝静まった夜中に舞い落ちる。

自然暮らしの自給自足のエキスパートもやってくる。当然のようにニワトリを飼い、日の出とともにコケコッコーと起こされる。卵も分けてくれるから苦情も言えないだろう。業者を気にせずにスローライフを送りたいのであれば「触らぬ神に祟りなし」で、距離を置くのが一番だ。欲をいえば、敷地1000坪以上は確保したいものである。

狙い目は「中の上の別荘地」

都会から田舎に越してスローライフを希望するのであれば、管理された別荘地が狙い目である。価格は真ん中からちょっと上のクラスがお勧めだ。

同じく都会からの移住組も多く、比較的価値観が合致するのでいらぬ争いも少なく、おそらく経済的にも同じ程度の蓄えや収入があるので気持ちにも余裕が出るだろう。田舎のしきたりや共同掃除や集いもない。共通の趣味や話題を持つ隣人がいる確率も増えて、セカンドステージの輪も広がる。

ただし、価格が安すぎる別荘地は危険である。手軽に手に入るだけに先述のようなニワトリのエキスパートやクルマのコレクションや整備を趣味とした隣人が現れかねない。逆に高級な別荘地は都会のタワマンのように、標高や街区によってヒエラルキーが生まれるのであまり気持ちがいいものではない。


田舎暮らしを始めている人は帰る家がある人

田舎でレトロ感あふれる家の一階を洒落た感じでリノベーションして、カフェやパン屋を開いている移住組がいる。古民家というほど格式が高くはないが、レトロと貧相の度合いが3対7ぐらいの、いわゆるボロ家といえばイメージしていただけるだろうか。

こだわりの食材と料理で一線を画し、自然の中で提供すれば味わいもまた格別であろう。メディアで取り上げられれば行列の絶えない店として紹介され、生活の安定が図れる。たとえ店舗で生活の糧を得なくてもリモートワークで仕事ができる環境にあるならノートPCとインターネット環境があれば田舎で生活することは難しくない。

こういった田舎暮らしに憧れて、移住を考えることも人生に一度はあると思う。かといって今どき、思い立ったら吉日とばかりに都会の暮らしをすべて整理して、田舎に完全移住するなんて人は多くない。情報を集め、候補地を視察し、イメージトレーニングを積んでから田舎暮らしに突入することだろう。

その検討材料の一つに加えてほしいことがある。それは田舎に移住している多くの人がいざとなったら帰れる場所を確保していることだ。集落に溶け込んで仲間の一員となるべくコミュニティ参加に励んでいる移住組も多い。

老いて体が不自由になったとき、一緒だったパートナーとお別れしたとき、子どもの進学で田舎を離れなければいけないとき、生活のステージをチェンジさせないといけないとき、いざとなったら帰れる場所が現実にも心の隅にもあるだけで救われるものである。

彫刻家や版画家など、エッジの利いたこだわりの仕事をしている創作者などは一定の創作期間を終えると都会のアトリエに戻ってゆく。田舎で飲食業をしていた人たちが、別の場所に移っていくのを多く見ながら、帰れる場所があるのは大事なことだと思った。片道切符で田舎暮らしを始める人は少ないということも知っておこう。

自宅を稼ぐ物件にしてお試し移住にチャレンジする方法

田舎暮らしを検討するなら「ダメだったときに帰れる場所の確保を」という話をした。それでもチャレンジしてみたいときにお勧めなのが、自宅を賃貸に出してお試し移住をしてみることだ。地域になじめなかったら、また戻ってくればいいし、お試し期間中も一定の収入を得られるのは大きい。

具体的な方法だが、町の不動産屋さんに相談してみるのもいいのだが、最近知った「移住・住みかえ支援機構（ＪＴＩ）」の「マイホーム借上げ制度」の内容も良さげだったので紹介したい。

「マイホーム借上げ制度」は、住み替え希望のある人（年齢や家の条件アリ）の住宅を同機構が借り上げ、子育て世代など、入居を希望する人に貸し出すという取り組みで、二つのユニークなメリットがある。

一つ目は、貸し出す側は機構と契約するので、賃借人と直接関わることがないことだ。借り手から要望が出たり、トラブルが起きたとしてもすべて機構が対処してくれる。家主はリスクを心配せず、賃料を受け取るだけでいい。

二つ目は最初の入居者が決まったら、そのあとにもし空き家になったとしても毎月賃料を受け取れるということだ。契約期間は基本3年（継続可）なので、人生の一時期を別の場所で過ごしてみるという選択を安心して実行できる。

サービスを利用するには、物件の持ち主が50歳以上であること（50歳未満の人は相続した空き家を所有していることなど追加の諸条件アリ）、建物に耐震性があることなど、いくつかの条件をクリアする必要がある。耐震化されていない物件は補修費用がかかってしまうが、自治体で補助金を出しているケースも多いので問い合わせてみよう。

1970年代までに建てられた老朽化マンションは要注意

中古マンション市場には、1970年代に建てられた築50年超の分譲マンションが売りに出されているが、私はその築年数から「アラフィフマンション」と呼んでいる。

都市部の好立地でありながら手頃な値段であることで、興味を持つ方もいらっしゃるのではないかと思う。だが、個人的にはあまりお勧めしない。

半世紀を経たアラフィフマンションは、当時30代の夫婦＋子供の核家族世帯がメインとなって購入した。生え抜きの住民は今や80歳を迎え、子どもは巣立ち、孫も成人を迎える頃だ。パートナーは他界し、一人で生活している世帯も全世帯の半分以上になっているところも多い。物件によっては外国人や投資目的で短期的に利用する所有者も少なからずいるので、管理組合が機能せず管理費・修繕積立金を値上げできないなど、未来の修繕計画に不安があるケースもある。

特に若い世代がなかなか入ってこないマンションでは、みなが高齢なので管理組合の会長職は誰もやりたがらないし、役員さえも集まらない。会議をすれば時間はたっぷりあるのでウワサ話に花が咲いたり、欠席裁判が始まったりもする。派閥も存在するようで役員の不透明な支出があるとかないとかで怪文書が投函されたりと、アラフィフマンションは住民同士のトラブルも多い。

建物自体にも問題がある。震度6～7クラスの大地震に遭遇しても建物が倒壊せず、少なくとも人命を損なわないような強度が必要となされる新耐震基準（1981

年に施行）以前の旧耐震基準での施工だからだ。

旧耐震基準は震度５程度の地震で倒壊しないことが条件なので、東日本大震災（２０１１年）や能登半島地震（２０２４年）のような震度７クラスの地震が起きた場合、安全性を担保できない。何度もテレビ画面に映し出された能登半島地震で倒れたビルは、地面の中の杭がスポッと抜けたように倒れていた。今後は建物の耐震化に加え、地下の耐震化も必要になってくるだろう。

その耐震補強工事をしようにも高齢住民にはその金銭的な負担も厳しい。したがってなすすべもなく運を天に任せているのが現状だ。

当時の建物は給排水管の経路にも問題があった。自室のキッチン、浴室、トイレの排水管が下の階の天井裏を通り、パイプシャフトへとつながれているので、経年劣化による腐食や詰まりが発生し、パイプから漏水が起きることがある。下の階の天井から漏れればこちらが賠償しなければならない。実際、漏水で２００万円以上の賠償金が発生したケースもある。セカンドハウスとして購入した場合、留守が多くなるのでこれらの被害も甚大になる。

また、築50年ともなれば、共有部分の電気、ガス、上下水道の配管を根本的に直す時期でもある。だが、今までの修繕積立金では賄いきれずに銀行から借金をして修繕工事をするマンションも増え出している。台所事情も火の車といったところであろう。

なお、一部のアラフィフマンションでは敷地内の庭や空き地に余裕があり、都市計画法の用途地域も緩和されていることがある。こうした物件は、建て替える際に既存よりも1・5倍以上の床面積が取れ、それを管理組合で販売することで既存住民に低負担で建て替えができるケースもあるが、見極めは難しい。

私なら「君子危うきに近寄らず」で購入は絶対にしないし、もし住民であるなら一刻も早く脱出を図ったほうが賢明だと考える。

仮に中古マンションを購入するとしたら、狙うべきは築30年ぐらいまでで50戸以上、修繕計画が破綻しておらずに数十年先まで金額と修繕箇所の表が提示されているマンションということになる。加えて玄関ドアや窓が改修や取り替え済みであること、集合ポストやエレベーター内部が整っていることを条件に加えたい。数年暮らしてみて、満足したら手放すというパターンがいいだろう。

リモートワークの普及でリゾート地のマンションが人気に

三十数年ぶりにSNSでつながったのは、学生時代のアルバイト先の店長だった。今は不動産業を営んでおり、十数年経つという。客商売が長い店長は声もよく張り、笑顔が眩しい。お客様商売は天職のようで、ご贔屓の富裕層も獲得しているそうだ。

そんな元・店長からたまにランチの誘いがある。ランチが終わると「ちょっと預かった物件があるのだけれど、建築家からのアドバイスがほしい」と、返事もしない間に物件へ一直線。

つい先日、拉致されたのは、ほぼ堤防なんじゃないかと思う、国道と二級河川に挟まれた幅4メートル、長さ100メートルの雑木林。おそらく河川法の制限で建物は建てられない。せいぜい渋滞中の観光客用に宿やレジャー施設の看板を設置するくらいしか収益が得られそうもなく、その看板でさえも国立公園法の制限で数本しか立てられない……といういわく付きの物件だった。

他にも固定資産税が年間15万円もかかるお荷物物件や、眼下に海を一望できる分譲地なのだが、階段で50段上がる必要があり、肝心の海は巨大な観音像の背中越しにしか見えないことから苦戦中の物件など、珍物件を食後のデザートとばかりにおいしく拝見させていただいている。

もちろん彼は変な物件の専門家というわけではない。コロナ禍から増えたリモートワーク化の流れもあり、中古リゾートマンションの売買は相変わらず盛んで、頻繁に視察のお付き合いをしている。箱根（神奈川）や熱海（静岡）では働き盛り世代が子育てや二拠点化の基地として、取り引きが盛んである。

一方で、朽ち果てそうな築古の一戸建て別荘はひどいものだ。リフォーム費用が建て替え並みになる、再建築が不可、崖地で建て替え費用が高額、近隣の樹木が育ちすぎて富士山や海が見えなくなったなどの理由で敬遠対象となり、持ち主や相続した子どもが投げ売りしているケースが非常に多い。

私はかつて中古で熱海のリゾートマンションを購入し、リノベーションして数年の間、セカンドハウスとして活用していた。次のトピックではその実体験をもとに、建築の専門家と利用者として両面から購入ポイントを紹介しよう。

リゾートマンションは年数限定で楽しむならアリ

温泉付きの中古マンションは魅力的だが、デメリットもある。それは修繕費積立金や管理費が賃貸家賃並みになることだ。特に注意したいのは温泉の維持費。大浴場であればまだ多少マシだが、各戸に温泉が引かれている場合は、給湯管や排水管が劣化しやすいので要注意。住戸数が100を超える中古リゾートマンションであればスケールメリットで多少金額を抑えられるが、20戸前後の小規模マンションでは積立金とは別に大きな維持負担金が発生するか、破綻してゴースト化するかの道を歩むことになる。激安の築古マンションの場合は、まず維持費がいくらなのかをチェックするといいだろう。

「リゾートマンションは年数限定で」と私が主張する理由は、温泉のように維持が大変な設備が多く、いずれ管理が難しくなると考えているからである。

世間では「中古マンション寿命先送り説」がまん延している。20年ぐらい前はマンションの寿命は50年だからそろそろ危ないといわれていたが、その説はなぜか毎年延長されているようで、今では60年とか70年ともいわれるようになっている。が、コンクリートの躯体《くたい》以上に電気・ガス・水道のインフラ配管は手入れが必要なので、修繕積立金がどこかで破綻する可能性はある。よって、ババ抜きで最後に残らないように数年だけの限定で所有するぐらいのつもりで購入するのがいいと思う。

駅近くでマンション内に公園があったり、低層マンションだったりすれば敷地に余裕があるので、建て替えをする際に現行の法律で容積率が増えている可能性もある。もしかすると等価交換方式で費用負担が少なく建え替えも見込める。周辺の建物を一つにして大規模再開発の計画予定地に該当することになればこちらも負担なしで建て替えることも可能かもしれない。

ただし、建て替えには住民の合意が必要になるが、これを取りまとめるのが難しい。いい条件で建て替えの話が出たらラッキーぐらいの気持ちでいるのがいいと思う。

なお、別荘の購入時や購入後に地域によっては独自に発生するコストがある。私が購入した静岡県熱海市の場合は別荘等所有税がかかった。山梨県山中湖村では家屋敷課税が毎年かかる。別荘として使うと上下水道料金や町内会費や管理組合費などが割増しになったりするので、購入前に市町村の役場へ問い合わせることをお勧めする。

マンションより一戸建てが良いと思う個人的な理由

私の住む神奈川県小田原市は箱根外輪山の裾野に足柄平野が広がっており、その真ん中を酒匂川《さかわがわ》という大きな川が流れている。昔は暴れ川で、台風のたびに堤防が決壊して水田や建物が流された。小高い土地だけが氾濫から逃れて、その様はまるで海に浮かぶ小島のように見えたという。

そういった名残で今でも「〜島」という地名が数多く残る。後世になり「薪を背負いながら読書をしている銅像」でおなじみの地元の偉人、二宮金次郎が深く根を張る松を植えて堤防の決壊を防ぐようになって穏やかになった。

酒匂川は6月になると鮎釣りが解禁となり、近年では全国から釣り人が押し寄せて両岸は長い竿で埋め尽くされる。現地の漁協で購入したオトリになる鮎を糸につけて泳がす。川にいた鮎は自分の縄張りに入ってきた魚と思い、体当たりをして追い払おうとする。近付いた瞬間、オトリ鮎に張り巡らされた針に引っかかり、万事休すとなるのだ。

この鮎の縄張りの習性を利用した釣法を「友釣り」と呼ぶが、人間にも心理的な縄張りであるパーソナルスペースがあり、この縄張りに他人が入ってくると不快な気持ちになる。

同じようにマンションのような共同住宅でお隣さんと壁1枚、床1枚を隔てるだけの至近距離の場合も相当なストレスを感じたりする。土地と土地の間がワンクッション離れている一戸建ては、お隣さんとここちよい距離感を保つのにも最適なのではないかと思う。

家は、社会で抑圧された緊張感から解放される唯一のスペースでもある。ペットが飼える、そこそこの音量で楽器が弾ける、趣味の教室が開ける、室内にバイクや自転車・カヌーにサーフボードなどのアウトドアギアが置ける、独立した建物なので万が一災害に遭っても合議を待たずに自分のタイミングで修繕ができる、建て替えも自分だけの判断でできる。このように自己責任の割合は増えるが、それ以上の自由が手に入る。以上がマンションより一戸建てが良いと思う個人的な理由である。

70歳ぐらいでスマートハウスは卒業する?

スーパーマーケットもセルフレジになり、現金ではなく電子マネーしか使えない場面も増えてきて、新しいツールを使いこなすのにひと苦労だ。後期高齢者は本当に大変なことと思う。外部と接触するたびに機械の前でまごついてその尊厳まで著しく傷つけられる毎日。しかし、誰もがいつかは向き合うことになる。

ここで考えよう。身の周りのクルマや家の便利な機能は、近い将来、重荷になって押し寄せる。自分のIDやパスワードだけでも管理が大変なのに、今後はいろいな「スマートなんちゃら」な機能が押し寄せてくる。

ブレーキペダルとアクセルを踏み間違える前に、スマートな便利機能を卒業して簡単な生活に戻ろう。75歳を超えてくると記憶力が著しく衰えるので70歳ぐらいから徐々に便利機能から卒業するのだ。……といっても玄関ドアはスマートキーだし、ソーラー発電もビルトイン型食器洗い乾燥機も建物と一体化しているので、取り外すのは大変だ。そっとしておくか、引っ越すかということになるのかな。

住み替えか、自宅を担保に住み続けるか

シニア世代の方の中にはバブル景気の頃、青天井に上がる不動産価格に危機感を募らせて、つい住宅を購入してしまった方もいらっしゃると思う。

当時、給料に見合う以上に高額な住宅ローンを組み、その後は懸命にローンを払い続け、遂に完済したという方も多数いらっしゃるはずだ。ただ、バブルがはじけたあとの我が国は、長くデフレが続き、不動産の資産価値がまったく上がっていないケースも多い。地方で主要駅から遠いエリアでは地価が3分の1以下に下がったままのところも。さらに戸建て住宅は減価償却で築30年を超えると査定もゼロに近い。解体時の費用もばかにならない。差し引きしたら一体、いくら残るのか。

子孫に資産を残したい一心で頑張ったが、今や負の遺産になる可能性もある。であればいっそのこと現金化して自分たちのために使い切ろうと考えるのも自然の流れだろう。住宅に縛られずに第二の人生を謳歌したい！　そう考えたときの選択肢は次の三つとなる。

①売却して／賃貸にして住み替える
②リバースモーゲージで自宅を担保に住み続ける
③リースバックで自宅を売却して住み続ける

①の「売却して住み替える」は、文字どおり売却して得た資金を元に新しい住宅を購入する、または賃貸物件に住み替えるということだ。まずは不動産屋さんにコンタクトを取り、自宅がどのぐらいの価格で売却できるかを査定してもらう。ネットで複数の業者に一括見積もりができるサービスを利用するといい。中には見積もり額だけを高くして、自社に呼び込もうとする業者もいるので、実際には2～3目星を付けて、会ってみよう。

「売却して住み替える」を選ぶメリットは「リバースモーゲージ」や「リースバック」より好条件で売れる可能性が高いことが挙げられる。また、不動産業者によっては次に住む家を探してくれる。逆にデメリットは売却と購入、引っ越しなどの手続きが多くなること、物件探しや引っ越しの手間がかかる点だ。新しい環境で心機一転したい方や資金に余裕がある方にはお勧めである。

②の「リバースモーゲージ」は自宅を担保にして、生活資金やリフォームや介護費用などを捻出するサービス、③の「リースバック」は自宅をいったん売却して、月々の家賃を払いながら住み続けるサービスとなる。詳細は次のトピック以降で解説するが、どちらも自宅に住み続けることができるという点は同じだ。自分たちが亡くなったあと、空き家になることが確実な場合は有益な選択肢となるだろう。

「リバースモーゲージ」や「リースバック」は、老後資金を捻出するために活用するイメージを持たれている方が多いかもしれない。しかし、どちらも長生きをすると住み続けられなくなる可能性は残る。また、どちらも不動産の価値が高い物件であることが条件になるため、利用するハードルは高めかもしれない。

なお、老後資金が心配という方には、都道府県の社会福祉協議会が提供する「不動産担保型生活資金」という貸付制度があることを知っておくとよいだろう。対象は低所得の高齢者世帯で、自立支援のための貸付をしてくれる。資金の使途は生活資金のみとなるが、仮に貸付額が限度に達しても住宅に住み続けることができるのがメリットだ。条件がいろいろあるので、興味がある方は社会福祉協議会に問い合わせてみてほしい。

自宅を担保に住み続けられる「リバースモーゲージ」

「リバースモーゲージ」はもともと、住宅ローンを支払い終えた高齢者で、国民年金しか受給されていない低所得者向けのセーフティネットとして誕生した。現在では、前述した「不動産担保型生活資金」として各都道府県の社会福祉協議会がサービスを提供している。

現在「リバースモーゲージ」といわれるのは、銀行などの金融機関が独自に提供しているシニア向けの融資制度で、住宅ローンを支払い終わった自宅を担保にして、そこに住み続けながら金融機関から融資が受けられる仕組みのものだ。死亡後は自宅を売却され、その代金を融資の一括返済に充てる。

存命中は利子のみの返済で済む場合が多いため、利用イメージとしては手元資金を残しつつ、バリアフリーなどリフォームのための資金として借り入れたり、年金のみだと第二の人生を謳歌するには心許ない場合に借り入れるといった用途が現実的ではないかと思う。ポイントは「今までとまったく同じように自宅に住み続けられる」という点だ。リースバックだと、契約上は売却となるため、勝手にリフォームをすることができなくなるが、リバースモーゲージにはその心配はない。老後に自宅をより良くしたいが、収入がないため金融機関でローンを組めないといったケースでは有効な選択肢になろう。

デメリットは融資してもらえないケースがあるということだ。地価が高いエリアなら十分な融資が受けられるが、地価が低い地方では融資が難しい場合がある（これはリースバックでも同じだ）。また、長生きする分だけ融資額がどんどん増える。変動金利なので市場金利が上昇してしまうと返済額がぐっと増える。不動産を担保にしているので定期的な評価見直しの際に下落していると融資枠を割り込み、一括返済を求められる可能性もある。金融機関のサービス内容をよく確認しておきたい。

〈リバースモーゲージが向いている人〉

・資金を得ながら今までと同じように暮らしたい人
・自宅のリフォーム資金を捻出したい人
・毎月の支払額を抑えたい人（※存命中は利息のみの返済が多いため）

いったん売却し賃料を払って住み続ける「リースバック」

「リースバック」は自らが居住する住宅を売却していったん現金化し、売却後は新所有者に毎月家賃を払うことで住み続けることができるサービスだ。転居も不要のために引っ越し費用もかからないし、固定資産税もなくなる。住み慣れた場所でいつもの友とも語らえ、いつもどおりの日常を送ることができる。また、リバースモーゲージはシニアの夫婦で、かつ戸建てが対象であることが多いが、リースバックはそのような制限がない場合が多い。

利用イメージだが、売却後もずっと住み続けるのではなく、一定期間、自宅として利用したあとに住み替えをするのが有効な活用法だと思う。同じ地域の賃貸相場に比べて高めになる傾向があるからだ。また、一般的な方法で売却をしてしまうと、いつ売れるか分からないし、仮に早期に売却が成立してしまうと急いで退去しなくてはならない。リースバックなら一般の売却より少し低い額になるかもしれないが、自分のタイミングで退去ができる。こうしたことから、高齢者施設の一時金捻出や入居待ちの間、自宅に住み続けたり、二世帯住宅を建てる予定がある方が資金の捻出と一時的に住まう場所を確保するといったケースでは特に利用価値が高いだろうと考える。

デメリットだが、自宅売却後は賃貸料を月々払うことになるので、リバースモーゲージに比べ月々の出費が増えること。売却後は勝手にリフォームなど物件に手を加えることができなくなること。子孫に土地建物の財産が残せないことなどがある。ただ、他界したあとは空き家になることが確実なら、三つ目のデメリットは逆にメリットにもなる。契約にあたっては借り手に有利な「普通借家契約」ができるかどうか？　買い戻せるオプションがあるか？　などに注意したい。

〈リースバックが向いている人〉

- **財産を現金化して子孫に分け与えたい人（相続の負担を減らしたい人）**
- **現金化して後半の人生を充実させたい人**
- **数年住んだあとは施設に移る予定の人**
- **住宅ローンの残債や病気などの理由で生活が苦しい人**

4

B面の人生は、
こんな家に住んでみたい！

トレーラーハウスから平屋、ミニマルな二階建てまで

第二の人生、最高の住まいを手に入れるには？

リタイアしたらいろいろなものから解放されて身軽になる。全力疾走していた若い頃に身に着けていた鎧《よろい》をそっと脱ぎ、自分の心に素直に従う生活を始めたいと思っている方も多いと思う。

例えば「愛する人と二人きりの生活を好きな場所で満喫する」「愛犬、愛猫と穏やかに暮らす」「人生の苦楽をともにした愛車をかわいがる」といったふうに。

社会人時代には守るものも多かったので、どうしてもディフェンス力ばかりが育ってしまっていた。「これがあるからできない」「いつか機会があればやろう」、こんなネガティブワードばかりが心を支配していた。リタイアした今、改めて心に問うてみる。すると、やっかいなことが結構取り払えているのではないだろうか？

であれば「こうすればやれる！」「じゃあ、行こう！」と心の中で唱えて、紙に書いて壁に貼って行動してみる。これこそ人生のB面の始まりである。その中には新居を建ててみるとか、住み替えるという選択肢もあるだろう。

もちろん「家を建てるのが一番！」と断言するつもりはない。「老いてからは最低限の快適さがあればいい。それより元気なうちにやってみたかったことにチャレンジしたり、行きたかった場所に行ってみたい」という方もおられよう。自分の持てるものに改めて気が付いて「なんだかんだ言っても今の家が一番だ」となれば、それは幸福なことだ（ただ三階建ての家は年老いて身体が思うように動かなくなったときにデッドスペースが多くなるし、断熱性が著しく低い古い家は健康リスクが高まるので、これらに当てはまる方には建て替えや住み替えをお勧めしたい）。

大事なのは、何も考えずに楽な道を選ぶのではなく、人生のB面を見据えて一度、未来を考えてみることだと思っている。

ここから先は、「もし、これからの人生でこんな家に住むとしたら」という前提で、理想の住まいについて自由に想像する旅にご案内しよう。誰しも一度は憧れるユニークな住まいについて、シニアに人気の小さな平屋や移住について建築家の立場で自由に語ってみることにする。

奄美大島のトレーラーハウスで思ったこと

奄美大島（鹿児島）の静かな入り江の砂浜にあるトレーラーハウスの宿に1週間ほど滞在した。トレーラーハウスとはキャンピングカーの動力がないもので、乗用車やトラックでけん引してキャンプや生活ができる。海外映画で郊外の低所得者層の住まいとなっているアレである。

そのトレーラーハウスの宿には、ツインベッドと小さなドレッサー、トイレ・洗面・バスタブ一体の3点ユニットバスがコンパクトにしつらえてある。窓は目線の高さで、砂浜が間近に眺められ、ゴージャスになった海の家のごとし。ウッドデッキに流し台もあるので、地元スーパーで買い物をすれば現地のフルーツ盛りと海鮮の星空ディナーで夜が更ける。

凪《なぎ》の浜辺を散歩したり、カヌーやSUP（立ってパドルで漕ぐサーフボード）で釣りをしたり、自分たちの心の赴くまま楽しんだ。雨の日もあったが、畳1帖ほどの玄関ポーチにテーブルを移動させ、お弁当を食べるだけでも会話は弾む。しりとりでおなじみの「ルリカケス」を見つけたりもした。

もし、ロケーションが最高の、内緒の地を持つ機会があれば、トレーラーハウスで心の贅沢を満喫してみたいと思ったりもする。

このトレーラーハウスだが、専門業者から購入することができる。簡易的な設置で済むので基礎工事は不要だし、すぐに動かせる状態なら車両と見なされるために固定資産税も建築確認申請も必要ない。自分が気に入ったロケーションに停めれば秘密基地のできあがりである。必要なのはけん引免許の取得だけだ。

家を建てたいと思ったときに、最初に足を運ぶのは住宅展示場だろう。そこで営業マンに年収を聞かれて住宅ローン借入額の限界値を知り、その金額の呪縛にとらわれたまま、家づくりのあれこれが決められてゆく。昭和の時代はそうであった。

生活スタイルが多様化した現代は、居住スタイルもさまざまな選択肢がある。家は人が住む器だから、かかる費用は決して安くない。さりとて自分の意思で決めた住まいの痛快さは何物にも代えがたいものだろう。最近では、リゾート地でトレーラーハウスやドームハウスに泊まれるサービスも多くなってきた。まずはこういった体験から始めてみるのもいいだろう。

トレーラーハウスは土地とけん引免許があればいい

前述した「トレーラーハウス」は動力がないキャンピングカーである。タイヤが付いているので、乗用車やトラックでけん引すれば動く家として活用できる。けん引免許を取得すればヤドカリのように自分で運び、気に入った場所に停めて、基地のような使い方ができるというわけだ。

わざわざ土地を購入しなくても地主さんから一定期間、土地を借りられれば、その土地の景観や文化、グルメを存分に味わい、数年後にまた移動するなんてこともできなくはない。電気・ガス・水道がいつでも外せて、かつタイヤを付けたまま敷地から速やかに移動できる状況であれば、不動産ではなく動産として扱われるので固定資産税もかからない（自治体によっては不動産扱いになる場合がある）。そういった意味では優良物件といえるかもしれない。

注意点はコンテナハウスほどではないにしろ、一般住宅よりも暑さ寒さが厳しいこと。夏は涼しい木陰に停める・屋根付き車庫に停める、冬は倉庫の中に停めて空気層を二重にすることを考えるといいだろう。また、いきなり新車ではなく、まずは中古車を購入しよう。数年使ってまた売却すればリセールバリューも大きく、お得に非日常が味わえる。新車購入はそれからでもいいし、満足したら次の別ステージに進んでもいい。コストがさほどかからないから、その軍資金も残せそうである。

古民家暮らしは「初期費用がかからないなら」という前提で

Fさんの義理の祖父母の家はいい感じの古民家。その昔、著名な建築家の設計で建てた家だという。祖父母の他界で空き家になっていたところを、孫娘の婿であるFさんが借り受けた。Fさんが個人事業主として独立したので、事務所兼自宅として利用させてもらうことになったのだ。

古民家は、その佇まいだけでも風情があって心が和む。おおらかな気持ちで子育てもできそうだ。しかもFさんは一級建築士。自宅となる古民家を自分の手でリノベーションしているので、事務所を訪れたクライアントへの説得力も絶大だ。家は人が住まないと傷むので、祖父母とFさん双方にとって願ったり叶ったりであった。

古民家の定義はさまざまだが、本書では1990年頃までに、良質な天然素材を使って建てられた農家住宅や洋館風住宅を指すこととする。

日本家屋であれば床は厚みのある無垢の板、柱はケヤキやヒノキの太い無節《むぶし》を使い、天井は薄く板を引いて竿を流した佇まい。建具も杉や松がふんだんに使われ、触れてもヒヤッとしないぬくもりを感じ、心も温まる。洋館であれば漆喰《しっくい》の白い壁が優しい陽光を隅々まで届け、ソーダガラスの窓から見える景色が幻想的に映る。乳白色の照明の温かみある明かりや真鍮《しんちゅう》の取っ手も美しい。

畳に大の字になって寝転がれば、イグサの香りと高く開放的な天井に晴れやかな気持ちになる。この高い天井のおかげで夏は比較的涼しい。その半面、冬はとてつもなく寒い。断熱材はないし、木製窓からは隙間風、床下はそのまま土だし天井は高い、場所によっては小屋裏部分がむき出しだからである。

というわけで、この手のリフォーム相談で一番多いのは寒さからの脱却だ。予算をかける場所は優先度順に浴室・洗面所、キッチン、トイレとなる。その次が居間で、壁に断熱材を入れ、床暖房を設置する。ここまでで1000万円はかかるだろう。

寒さ対策以外にも、家が傷まないように外部の塗り替えも必要だ。古民家は凝った造りなので塗り替えをするにも別途工事が多く、どうしても割高になる。「このあと、何年住むか?」を念頭に置いて費用対効果を考えることも肝要だ。現代では材料費の高騰や職人の高齢化でメンテナンス費用がうなぎ上りである。維持費が負担になり建て替えるか悩んでいるというケースも多い。

個人で住むとしたら店舗併用住宅として再生するのがいいと思う。それ以外でどうしても住んでみたいということであれば、無償か格安での譲渡、もしくは取り壊しまでの期間限定で安く借りられるといった条件で探すのが理にかなっている。

3Dプリンタ住宅の未来に目が離せない

ここ数年で突如として現れた3Dプリンタ住宅。曲面を多用した雪国の「かまくら」

のようなフォルムが特徴的だ。家の骨組みはなく、巨大な３Ｄプリンタがケーキのホイップを絞り出すようにモルタル（セメントと砂を混ぜたもの）で壁を形成していく。

工期は最短２日程度で、夫婦二人暮らしを想定した50平方メートルの家が６００万円ぐらいと安い。業者は若者が顧客層だと思っていたらしいが、なんとシニア世代の夫婦からの問い合わせが殺到しているという。

壁の中には断熱材を吹き付けるため寒くはないだろう。また、球体に近い形だから地震にも強いはずだ。外壁はモルタルだから防音性や耐火性にも優れているに違いない。工場生産のユニットではないから、トラックの搬入経路もあまり気にしなくてよさそうだ。これといった欠点はなさそうだし、地中に埋めればシェルターになるかも？

新しい手法だけに、法律が追いついていないことや耐久性や居住性がどうなのかもまだ未知数なのは気になるが、それらがクリアになれば気軽なセカンドハウスにピッタリかもしれない。引き続き注視したい。

小屋をＤＩＹしようとする猛者に知っておいてほしいこと

私の父はサラリーマン大工だった。休日は「工作室」と称する自作の小屋に閉じこもり、洗濯機のモーターを取り出して研磨機を自作したり、その研磨機と鉄やすりでナイフをつくったり、そのナイフで自家製バットをつくったりと、小屋の中ではたびたび魔改造が行われていた。

父の小屋製作の始まりは、畳1枚分の農機具置き場だった。次第にのめり込んでいき、3帖程度の工作室ができた。その後は4帖程度の離れをつくり、最後は車庫までつくった。自宅を建築する際、会社を休んで現場の棟梁に付いて回り、一緒につくった経験を生かした集大成だ。私も子ども時代に夏休みの工作を完成させたり、青春時代には離れで友人と夜を明かしたりして随分とお世話になった。

最近は二拠点化やテレワークの普及で郊外や田舎の家の隣に小屋を建てたり、セカンドハウスとして小屋を持つことがブームになっているようだ。ホームセンターで樹脂製や木製のキットが売られていたり、ハウスビルダーが建ててくれる1～2泊ぐらいできる立派な小屋も売り出されていたりする。

専門家が建ててくれるなら心配はないが、「セルフビルドで建てたい」「組み立てキットを購入してチャレンジしたい」と思っている方は、次のことにご注意されたし。

堅苦しい話で恐縮なのだが、現代は法律が厳格化されており、小屋であっても柱で囲まれた屋根があれば建築基準法に則《のっと》って建てなければならない。昭和の頃のように自宅横にプレハブの子ども部屋を増やす……なんてことが気軽にできないのである。

都市計画区域内に小屋を建てるならば、建築確認申請が必要（防火地域、準防火地域以外の地域で10平方メートル以内の増築なら不要）になる。建蔽率や外装材や内装の制限、強度計算や換気、採光計算など建築士など専門家でなければできないこともある。気軽に外壁に木材を張ったり、暖炉を付けたりすることができないのだ。建築の制限は役所の都市計画課等で教えてくれるので、動画サイトのＤＩＹ師匠に教わって建ててみようと思っている猛者《もさ》は、まず役所に足を運んでみよう。

穴を掘ったり、ビニールハウスで寝てみたり

理想の住まいを探す旅だったはずなのに「アレに注意」「こうすべき」と水を差すような話が続いてしまったので、この先は楽しい（無謀な？）空想をしてみたい。

・キャンピングカーで旅をする

キャンピングカーで車中泊しながら全国を旅するシニアの話題を目にすることが多くなった。５００万〜１０００万円で程度の良い中古キャンピングカーを購入し、夫婦で日本中の風景、文化、グルメを堪能するこの上ない贅沢な旅。リタイアしたあと、現役のように気力、体力がある最初の数年を満喫するには良い選択だと思う。

キャンピングカーはリセールバリューが高い。中古で買い、数年使って売却しても価値が下がりにくい。知人が新車で購入したキャンピングカーは3年後に売却してもほぼ新車価格で下取りされたそうだ。

旅先では、道の駅の駐車場やオートキャンピング場を利用して泊まることが多いが、

一般の駐車場スペースに入るぐらいのコンパクトなキャンピングカーであれば、街中のコインパーキングに泊めて繁華街をはしごしたりもできる。

・穴を掘ってみる

夏が異常に暑い。これからもっと暑くなるだろう。

一方で富士山の氷穴など地下空間は夏でも涼しい。ならば自ら穴を掘って既製品の地下車庫を埋めて、夏の間を過ごすという妄想をしてみた。

ひな壇型の開発分譲地は大概、道路に面して地下車庫があり、道路から階段で上った高い場所が宅地になっている。あれをイメージしてほしい。もし、傾斜地の土地が手に入り、ボックスガレージが運び込めるある程度広い道があれば可能である（建築士に相談して各種申請をする必要はあるが、空想半分なので割愛）。

見事、実現すれば、土に囲まれていることで防音性が高いので、おやじバンドの練習場にも使える。雨天でもキャンプができるし、洞窟のように静かで心が落ち着く。ハンモックを吊るして読書もいいし、いざとなったらシェルターとしても心強い。

用意するものは、土木工事の穴掘りでよく見かけるバックホウ（アームの先端にショベルがついている建設機械）1台とボックスガレージを1台分。バックホウは免許が必要だが、自分の土地内で運用するのなら講習を受ける程度で使えるようになるし、建設機械のレンタル会社で予約すればトラックで運んでくれるから気軽なものだ。経験者の私に言わせれば、穴掘りは実に楽しい。焚き火をするとなぜか心が癒やされるように、穴掘りが原始のＤＮＡを呼び覚ましてくれるように思う。穴掘りからボックスガレージ据え付けまで施工業者に任せるのであれば４００万円～といったところだろうが、穴掘りの楽しさを知っている身としては、ぜひ自分の手でやってほしい。

・ドームハウスをキットから組み立てる

知人に「ドームな男」がいる。山奥で出会った友人からの紹介だったのだが、その後はバーのカウンターでよく鉢合わせをした。お酒が入るとブルースを歌い出す、原田芳雄似の雰囲気のある男だ。彼の職業は「ドームハウス製作者」。私は勝手に「ドームな男」と呼んでいる。

ドームハウスは、最近ではグランピングができるキャンプ場に設置されていることがあり、徐々に見かけることも増えてきた。大手ログハウスメーカーでも商品としてラインナップされているが、時間と体力があれば、自分で建ててみてはどうだろう？

ネットで検索すればいくつも業者はヒットするし、組み立て方は動画サイトで教えてくれる。三角や五角形などの集合体を組み合わせ、テントを組み立てるように球体の大空間をつくり上げていく。その過程や達成感は何物にも代えがたい体験だ。

・農業用温室で寝てみる

あるとき思いついた。使われていない農業用温室（いわゆるビニールハウス）を借りて週末の秘密基地にしてみたら面白いのではないか？

千葉の房総半島は温暖な気候で花の栽培などが盛んだが、役目を終えた農業用温室も散見される。持ち主に掛け合って週末に借りることができれば、一時的な別荘として面白く使えるかもしれない。サーフィンやサイクリングなどを楽しみ、午後からは温室の下にテントやタープを張り、キャンプ感覚で遊ぶのだ。

漁港が近ければサザエやハマグリを焼いたりして、その土地をまるごと味わう。ポータブル電源があれば照明や扇風機が使え、１００インチのスクリーンを張ってプロジェクターで動画サイトのコンテンツを投影することもできそうだ。お気に入りの折り畳み椅子とグラスのお酒で夜長を楽しむ。

温室だからたとえ冬でも日中は暖かい。遮熱シートを利用すれば、夏でもごろ寝して一晩ぐらいは過ごせるかもしれない。温室なら雨も大丈夫。栽培用だから広い。子どもや愛犬も思う存分に走り回ることができる。もしも通年で借りられるのなら、こんなふうに秘密基地的に使ってみるというのはどうだろうか？

・水上に住んでみる

同じく房総半島の不動産物件に「舟付き土地」なるものがあった。釣り好きの人に好評なのか、一定の需要があるらしい。海沿いの穏やかな入り江に面した土地で、たしか数軒が数百万円の値で売り出されていたと記憶している。広さは30坪程度。写真を見れば、草が茂った土地の脇に木製の舟が鎮座している。ここなら小屋を建てたり、キャンピングカーを駐車したりして、船を海に浮かべて釣り三昧ができるだろう。仮設電気やトイレ、水道を引き込めば長期の滞在もできそうだ。海に向けて窓を設けたなら、これほどの贅沢はない、海以外の三方を塀や生垣で囲って、露天風呂やテントサウナをつくり、釣った魚でバーベキューでもすれば海辺のグランピングだ。

第二の人生で新築したい！　という人へ

少し前まではリタイア後に新築する人はまだまだ珍しかったが、現在はハウスメーカーがこぞってシニア向けの平屋をラインナップに加えるまでになっている。

小さく豊かに暮らすスタイルは、これからの時代にもマッチしている。古く大きな家の大規模リフォームと小さな新築では、それほど金額が変わらないこともあるので、人生をリ・スタートするために家を新築するのは大いにアリだと思う。

家づくりを誰に依頼すべきか？　は自分がどんな人生を送りたいかで違ってくる。

家族として愛猫と人生を過ごしたい、あるいは趣味を楽しむガレージ付きのような凝った家を建てたいなら、建築事務所と二人三脚でつくるほうが満足度が高くなるだろうし、コスト優先なら建売のいわゆる新築プレミアム（165ページ参照）がいいケースもある。第2章で登場いただいたKさんの場合は、私設図書館を併設するということで、見た目がユニークなコンテナハウスがベストな選択だったと思う。これから先の生き方次第で、選ぶべき家も変わってくる。

建築士を同席させてハウスメーカーで建ててみる

東京23区内に住む40代のAさんから「子どものために教育環境の良い場所に移り住むので新築したい」と設計依頼を受けた。弊社のコンセプトハウスであるコンパクトな二階建て「TOFUハウス」（168ページ参照）を気に入られたとのことだった。

ヒアリングをしてみると、既に開発分譲地内の土地を購入済みであった。叶えたい住まいのイメージは家族3人が住めるシンプルな四角い家。「コンパクトだけど明るくノビノビと生活できる空間がほしい」とおっしゃる。また、「寒いのが苦手で乾燥に弱いので、そこはなんとかしたい」とも。そこで床暖房や調湿作用のあるタイルを採用した。料理が得意な奥様に大きな食器洗い乾燥機もほしいところだ。

要望を聞いているうちに、施工費が気になりだした。東日本大震災後の復興需要に加え、東京オリンピックの建設ラッシュの時期だったため、職人の取り合い・建材不足で施工費が随分と値上がっていたからだ。都内に住宅を建てるとなれば、工事車両の駐車場の確保、移動のための高速代などの経費も多くなり、比較的施工費の安い埼玉県あたりの建築会社に依頼しても劇的に安くはならないだろう。

果たして希望の予算内で仕上がるのかと思い始めた折、配置図を描こうと分譲地の測量図を確認したところ売主の名前が目に留まった。ハウスメーカーのB社だったからだ。B社は都内を中心に良心的な価格ながら高性能な新築住宅を供給している新進気鋭のハウスメーカー。業界の評判も悪くはない。クライアントも「絶対要望をすべて叶えなければ気が済まない」といったマストだらけの方ではなく、私の提案に柔軟に耳を傾けてくださる。そのような状況だったので、私の設計をベースにB社に施工を依頼してみるのも手だと思い、Aさんに提案をしてみた。空間や設備が大きく変わることなく、施工費をぐっと下げられる可能性があると考えたからだ。

ただ、B社に依頼するとなれば、社内の施工マニュアルに沿って建てる必要があるため、建主側で断念すべきことも出てくる。叶えたいことが実現するのは10のうち7か6になるかもしれない。住宅の外観が「THE建売住宅」そのもので、ちょっとあか抜けないのも気になる。まずは一度、B社担当に建築士である私がAさん側のオブザーバーとして打ち合わせに参加できるかどうかを聞いてもらうことにした。

数日後、AさんよりB社からオブザーバー参加の快諾を得たと連絡をもらい、私の描いた図面を持ちB社に向かう。30代女性の建築士で丁寧な対応が好印象。図面を見せながら経緯と叶えたい10の要望を説明すると「外観やインテリアは概ね希望どおりに施工できそうです」と回答をいただいた。構造や設備は若干の変更を受けながらも逆にグレードアップした。ここは規模感のあるメーカーならではのメリットだった。打ち合わせ後、AさんよりB社に施工を依頼する承諾を得て、5回ほど打ち合わせに同席し実施設計を終えた段階で、B社施工担当に現場を委ねた。

最終的に完成した家はなんとか要望の8ぐらいは叶えることができた。オブザーバー契約に切り替えたことで、私の設計料も下げさせていただいた。

それから半年が経ち、Aさんの新居に招待された。同じような建売住宅に囲まれた中に、控えめながらシックにデザインされた外観。同じB社が建てた家なのだが、随分と印象が異なる。満足そうなAさんご夫婦が印象的だった。

このように建築士のような専門家がクライアントのオブザーバーになるだけで、随分結果が違ってくるものなのである。「こんな悩みでも相談できるの？」といったことでも臆することなく、アプローチしてみてはいかがだろうか。

知人をもてなす「ハレの部屋」をつくってみる

本書の読者は、世代的に若かりし頃、自分探しに出かけた人も多いと思う。確固たる自分が見つかった人、いろいろなことが固まっていなくて見つからなかった人、さまざまだろう。

でも、多面性を持っていることが本当の自分なのではないかと思う。自分の人生に折り合いをつけながら、時代の変化に柔軟にシンクロさせることで生きてきたからである。自分の人生を入れる器である家にも多様性があっていいと思う。同じ家の中でも部屋によってしつらえが違ってよいはずだ。

ヨーロッパに留学経験のある30代夫婦と間取りの打ち合わせをした際、ご主人からこんなリクエストをいただいた。

「留学中、よくホームパーティに呼ばれて、テーブルセッティングから花やキャンドルの飾り付け、手づくりの料理でもてなされ、とても豊かな時間を過ごせた。私たちものような部屋をつくりたい」

パーティでは自分たちもホストとしての大舞台を楽しみたいので、背伸びをしてドレスアップをしたいとのこと。要望を受け、1階はパーティができる空間にしつらえた。内開きの玄関を開ければ、その先に広いLDK。デザイン性が高く、開放感があるストリップ階段に、ガラス張りのパウダールーム。パウダールームには猫足のバスタブが映えている。リビングのハイエンドなオーディオからはここちよいBGMが流れ、まさに海外ドラマに出てくるヨーロッパの住宅のよう。

2階はプライベートエリアのため、こちらはとてもカジュアル。ラフな部屋着で動き回り、お茶の間風の部屋で小さなテレビを観ながらポテチをほおばり、多少の散らかりは気にせず、ある部屋は洗濯物が室内干しできることを重視するなど、ラフでリラックスできる空間にした。

日々の暮らしの中に非日常（ハレ）と日常（ケ）が混在していると、生活のシーンがほどよく切り替わり、毎日が退屈せず面白く過ごせる。これからの暮らしには一か所だけハレの部屋をつくることをお勧めしたい。

平屋は二階建てに比べ建築費が高い

近頃、平屋に手が届きにくくなっているのが気になる。そもそも同じ床面積なら、平屋は二階建てより建築費が2割ほど高くなるのだが、この物価高でさらに手が届きにくくなっている。「平屋のほうが安いと思っていました」とおっしゃる方も多いが、基礎工事や屋根の面積でいえば、平屋は単純計算で二階建ての倍になる。土地も当然ながら平屋のほうが広い面積が必要だ。

平屋を求める主な購買層はアクティブシニアだ。住宅ローンを組むことは難しいし、望まないだろう。よって基本的に手元資金を利用しての計画になる。80平方メートル前後の小さい平屋でも2000万円からという建築会社が多いので、今の家の解体費を考えれば予算は2500万円からと考えておくのが現実的だ。コロナ禍前に比べると建てにくい状況ではあるものの、ワンフロアで開放的な平屋の魅力は捨てがたい。生活を豊かにするための平屋という選択肢は残しておきたい。

ところで、私が子ども時代に住んでいた家は古い平屋だったのだが、当時は二階建てに住む友だちが自分の部屋を持っていることがうらやましかった。我が家はトイレ以外の扉がすべて引き戸だったので、音が漏れるわ、隙間風が入るわ、さらに開きっぱなしなことが多く、プライバシーがダダ漏れだった。

アニメ『ちびまる子ちゃん』のまる子の家と『ドラえもん』ののび太の家を思い浮かべると分かりやすい。まる子の家も平屋で、自分の部屋（お姉ちゃんと共用だ）は開け放たれて廊下が見えている。私の家もちょうどあんな感じだった。

だから、家を新築した友人宅に招かれると、階段を上るその長い道のりや、部屋の入り口がドアであることにプライベート感があって、ワクワクした。

１９６０年代の新興住宅地では、サラリーマンでも住宅ローンを組んで買いやすい価格にするために、建売業者が高騰中の土地を小さく区割り、その上に木造二階建ての家を載せてパッケージ販売する手法で業績を伸ばしていた。のび太の家はまさにこれだ。その後、バブル期になると土地が高騰して、都内の戸建てに手が届かなくなったマイホーム購入希望者が埼玉や千葉にこぞって家を買うようになった。『クレヨンしんちゃん』の家が埼玉の春日部にあるのは、そんな背景がある。

改めてオール電化住宅を考える

原子力発電所の稼働停止や円安、ウクライナ問題等で電気代が爆上がりしている。20年ぐらい前は「オール電化住宅はお得でエコ」と言われて人気があった。太陽光発電の売電価格も高かったので導入後10年すれば元が取れた。

お得さが魅力なオール電化だったはずなのだが、次第に売電価格は下がり、補助金も少なくなった。そして知らぬ間に深夜電力料金まで高くなったから、安い深夜電力を利用してお湯を沸かしていたエコキュートもお得度が下がってしまった。さらに10年を過ぎるとユニットが壊れる可能性が高くなるので交換が必要になる。構造が複雑なので本体費用も一般のガス給湯器よりも高額になる。

太陽光発電はパネル自体の耐久性は高いのだが、変換器のパワーコンディショナーが10年を過ぎたあたりで交換となることが多い。

ＩＨクッキングヒーターは空気を汚さず、火を使わないから火災の危険は少なく、湯沸かしが速いので便利だが、導入コストがガスレンジより20万円以上多くかかる。

これも故障すると交換費用は35万円前後になるだろう。

蓄電池も普及してきたが、電気自動車のように導入コストが高いことと寿命が短いことが気になる点だ。これからは手放しでオール電化を導入するのではなく、南傾斜の屋根面積が広いとか、陽当たりの良い立地なので効率的に発電できる太陽光発電を導入するとか、高齢で火の不始末が心配だからＩＨクッキングヒーターにするといったように、相応の理由がある場合は導入すればいい。

基本はイニシャルコスト、ランニングコストが安い「ガス給湯器＋ガスレンジ」の組み合わせでいいと思う。

オフグリッドハウスはほどほどに

電力、ガス、水道など生活に必要なライフラインを公共のインフラに依存せずに独立して確保できる生活様式やその家を「オフグリッドハウス」という。これに食料も自給自足ができれば、無人島にポツンとある一軒家でも生きていけそうだ。

都市に人口が集中してしまう現在、喧騒から離れ、災害時でもエネルギーを確保できるオフグリッドハウスは魅力的に見える。ただ、実際に建てるとなると家がもう一軒建ってしまうほど高額になる。また、この分野のアップデートは変化が慌ただしい。この先の人生がまだまだ長い20代にとっては高コスパでいいかもしれないが、リタイア後からの導入となるともったいない気もする。


そこで「ほどほどオフグリッドハウス」を提案する。公共料金は基本使用料金程度にとどめ、水道は湧き水をろ過するか井戸水を使う。熱源はガスは見送り、電気を利用する。発電は基本的に太陽光発電にして蓄電池で電気を貯めて使う。

おおまかなコストだが、井戸を掘るのに150万円前後、ポンプ代が25万円程度。太陽光発電システムは一般家庭用の4キロワット台のもので150万円前後、蓄電池が150万円（単機能型）から。諸経費を入れ、ざっくりと500万円からの投資が必要になる。機材の買い替えの目安は約15年後。ほどほどオフグリッドハウスにしてもなかなかの出費だ。なんだかんだで公共インフラのありがたみを感じる。

オフグリッドハウスの利点の一つは、災害時に生活を守ってくれることだ。基本的にはオーソドックスなガスと電気の組み合わせで十分と思っているが、この安心感は捨てがたい。超低コストで済ませるなら、自己責任となるがプラモデル感覚で太陽光発電最低限ユニットを構築するのも手だ。ネットショップでは小容量の太陽光パネルやパワーコンディショナー、蓄電池が安価で売られている。設置方法は動画サイトで学び、電気工事が必要な部分だけ電気工事士に接続してもらえば、一部屋分ぐらいの電力は賄える。いざとなったらその部屋に避難してキャンプ気分で過ごすのだ。

家は半分地下がいい⁉

都心に住む姪っ子から相談を受けた。「子どもが産まれて手狭になったマンションを売り、もう少し広いマンションに移ろうと思う。でも価格が高騰していて大変だから、中古で安めの物件を探しているのだけど、地下1階って大丈夫？」

見せられた図面によれば、そこは地上4階＋地下1階の集合住宅。検討しているのは、その地下の部屋なのだが、ザ・地下室のようにまるで陽の当たらない部屋ではない。傾斜地に建っていて、住戸の後ろ半分が埋まっていることから建築基準法では地下扱いになっているというわけだ。

この半分地下というのがミソで、地下に半分埋まることで井戸水のごとく冬は暖かく、夏は涼しい。湿気が多いイメージでカビの発生が気になるところだが、天然の高断熱で防音性も高く、ちょっとしたシェルターの役割もあり、個人的には今日の地球温暖化の対策に適していると思っている。

ここからはちょっとした妄想だ。小高い丘の緩斜面地に、地上0階・地下1階の鉄筋コンクリート造の住宅を建ててみる。地上には太陽光発電パネルやミニ風力発電を設置し、菜園を併設させる。駐車スペースも数台確保できよう。高台であれば洪水、津波からも守ってくれる。地下部分に道路があればバリアフリーにも寄与するはずだ。年々夏の暑さが厳しくなっているし、半地下の家はなかなか良さそうだ。近未来は地下1階住宅が当たり前の世の中になっているかもしれない。

新築プレミアムなら建売住宅を狙うという手も

２０２４年現在、首都圏に大手ハウスメーカーで新築住宅を建てるなら、建物本体の建築費は３０００万円からが相場といったところだ。一方、郊外であれば、駅から徒歩10分程度の建売住宅が土地付きで２９８０万円ぐらいから販売されている。

新規に土地を買ってそこに大手ハウスメーカーで家を建てるとなると、夫婦ともに公務員か上場企業に勤めているか、遺産や相続や何かしら親の援助がないと厳しい。

それならば、同じ新築でも建売住宅を狙ってみるのはどうか。業者が数軒分の土地を一括購入したり、建材や設備を共通化することで大量仕入れによるコスト低減効果が見込める。

名前を聞いたことのないハウスメーカーや工務店の場合、ローコストで安かろう悪かろうのイメージがあるかもしれない。しかし、現在では住宅を取り巻く法律が厳格化されており、建築中の検査も厳しい。材料も工場で均一化されるので手抜きができない仕組みになっている。災害大国である我が国の建築基準法のレベルは高く、最高ランクでなくても十分住みやすい家になる。

よって気を付けるべきなのは、陽当たりがどうか、騒音や臭いはないか、水害や風災などの可能性があるかどうかなど、それぞれの土地の様子をよく観察し、自分の決めた価値判断に沿って検討するのが肝要である。建売住宅は建つ場所があらかじめ決まっているので、それらを事前に確認できるのも良い点だ。

借地で良かった話

私の実家は借地だった。1970年代は高度経済成長期で土地価格が絶賛上昇中であったために買えなかったらしい。借地ならイニシャルコストも抑えられるので、とりあえず狭い賃貸から広い家に住み替えて家庭環境をアップグレードしたい夫婦には都合が良かったのだろう。今でもお寺の周りの家はお寺の土地という場所が多く、こちらも借地で家を建てていることが多い。

その後、経済成長を続けた日本。１９８０年代後半のバブル景気には地価が一気に上がり、「あの時代に土地を買っていれば今頃は……」などと親の先見の明を疑ったものだった。

時は流れ失われた30年を経て、地価も下がり気味となり相続税対策で先祖の土地を切り売りする地主も増えて、再びサラリーマンでも手の届く価格に戻ってきた。

とはいえ長年住宅ローンを支払ってやっと土地を手に入れても、最終的な資産価値は落ちてしまう。広い土地が借りられた借地が多かった時代は、伸び伸びと生活ができて、土地代のローン分を家族の生活の向上のために投資もできた。今になって考えれば、借地が普通に選択肢としてある時代も良かったなと思っている。

借家は原状回復の義務があるので自由度が少ないが、借地だと菜園をつくろうが小屋を建てようが構わない。最後は更地に戻して地主に返すだけだから、相続でもめることもない。

現在でも借地権付き建物という名称で、土地付きの建物が売られている。契約の更新を前提としない「定期借地権」の場合でも契約期間は50年と長く、子どもが引き継がない予定ならいい選択かもしれない。

二階建てコンパクトハウスを建てて13年後の話

私のコンセプトハウスに「TOFUハウス」というシンプルな二階建ての家がある。豆腐のような四角いシンプルな形で、床面積は約77平方メートル。都会の狭い土地でも建てられるデザインハウスとして、これまでに8棟ほど手がけている。

「TOFUハウス」を考案するきっかけは東日本大震災だった。大津波で多くのいのちが奪われた。生き延びた人々の中には家を失い、残された住宅ローンがその後の人生の足かせとなったケースも多かった。そのときに考えたのは、必要最低限ながら快適に暮らせるシンプルな家はどうあるべきか？　ということ。当初は被災された方も利用できるようコスト最優先で設計したが、その後、高い天井と大きな窓、屋上をプラスオンするなどして、コンパクトながらも晴れやかな気持ちで毎日を過ごせる家として世に出した。

実は「TOFUハウス」は2011年の震災後すぐに設計し、その年の9月に自分用に建ててしまった。あれから13年が経ったところで、これまでの総括を兼ねた感想

2011年竣工時の「TOFUハウス」。「とうふ」なので「102」とあしらいを入れた

を書いてみようと思う。

私には「ＴＯＦＵハウス」とは別に25年間住み続けている自宅がある。時は１９９０年代、バブル景気の中で地価が高騰中であった頃。家庭を持ち、独立して建築設計事務所を営む身とすれば、一戸建ての事務所兼住宅を建てる必要があった。しかしながら自営業では金融機関の信用に乏しく、借りられる資金に限りがある。よって「ハウスメーカーの基本プランでは入らないほど狭い」という理由で売れ残っていた土地を購入し、そこに狭小地対応の三階建て住宅を設計し建てた。

土地が小さくてもおおらかに暮らしたいと思い、３階の南側には月を眺められる浴室と星を眺められる屋上をつくった。屋上では幼かった頃の子どもとビニールプールで遊んだり、露天風呂や屋上菜園、流星観察や花火を楽しんだ。

現在もこの三階建て住宅が生活のメインで、「ＴＯＦＵハウス」は仕事のミーティングやプライベートで集うサロンとしてセカンドハウス的に使っている。

13年経ったが、満足度は高いままだ。しいて不満点を挙げるとすれば、ゴミ出しと洗濯物干しが少し面倒であるということぐらい。「ＴＯＦＵハウス」はＬＤＫが２階なので、トイレや洗面脱衣室、浴室が１階にある。洗濯物は晴れていればそのまま屋

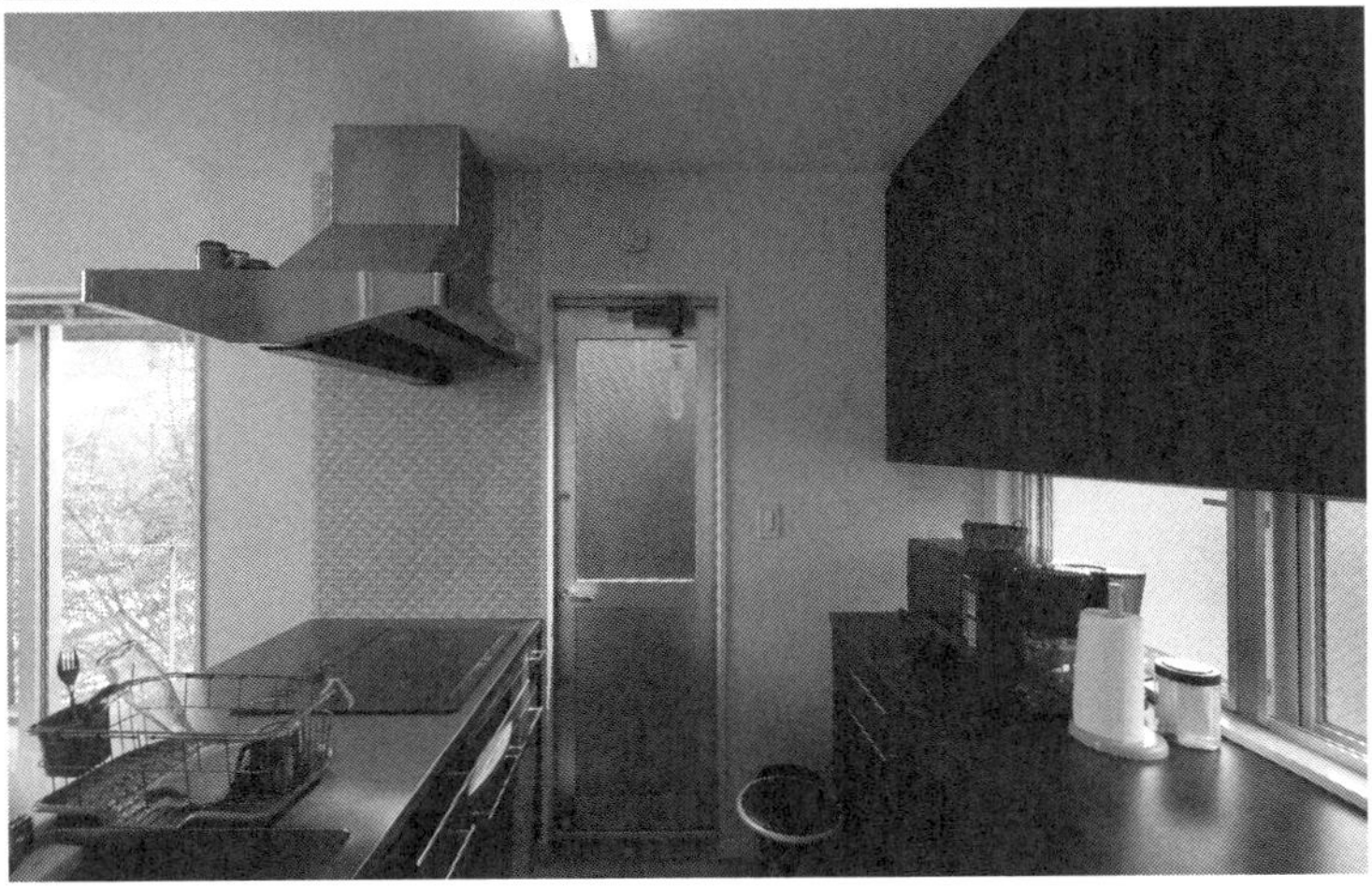

上：「TOFU ハウス」の裏側。2階のリビングには大きな窓をしつらえ、光を生かす設計に
下：キッチンは大工さんに造作してもらった。壁の一部にはガラス製モザイクタイルを採用

外に干すことができるが、雨天時は屋上に上がる階段の天井につくった室内干しスペースまで駆け上がることになる（乾燥機を入れれば解決するのでさしたる問題ではないのだが）。もう一つのゴミ出しだが、キッチンが2階だと生ゴミを出すのが手間でストレスが溜まる。ゴミ収集日までのストック場所に苦労するので、キッチン横にサービスバルコニーを設置して屋外スペースのダストボックスに置くことにした。

1F
38.92㎡

2F
34.78㎡

屋上
3.31㎡

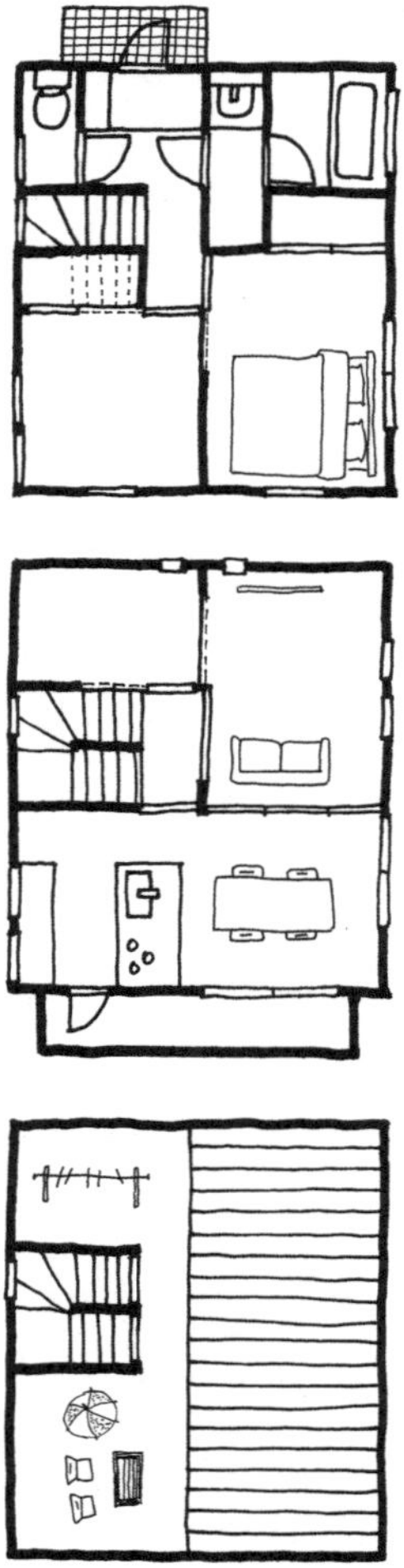

延床面積　77.01㎡

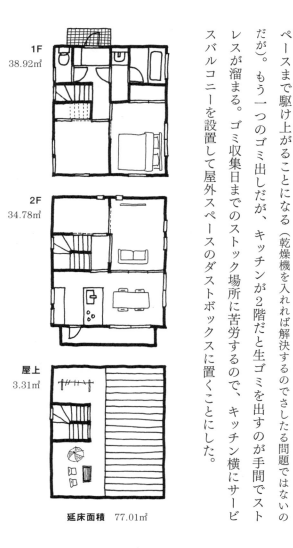

二階建てコンパクトハウスでこだわるべきポイント

自分で言うのもアレなのだが、「ＴＯＦＵハウス」はコンパクトなのに開放的で、すこぶる気持ちがいい。打ち合わせに来てくれるクライアントや仕事仲間からも「ここで仕事ができたら最高」「天井が高くて陽差しも気持ちいい。アイデアが浮かびそう」となかなかの評判だ。総床面積は約77平方メートル、生活の中心となる2階は約35平方メートルしかない。しかも2階はワンルームではなく、9帖のＬＤＫと6帖の洋室、3帖の納戸という間取りなので、数値だけ聞けば相当狭いのでは？　とお思いになるだろう。しかし、次のような工夫をすることで大空間にいるかのような感覚に浸っていただけるはずだ。

大きな窓を一つつくる

空の移ろいを感じながら自然に豊かな気持ちになるよう、大きな窓を取り付けた。通常より高い位置に設置することで空の割合が増え、生活感があり、雑多な街並みにあまり視線が向かないようにしている。景色を絵画のように映す大きな窓のことをピクチャーウインドウというが、コンパクトさを感じさせない空間ができるので「TOFUハウス」のアイデンティティの一つとしている。

ゲストを招いたときには必ず窓の外が眺められる椅子に誘い、丹沢の山並みを堪能してもらう。ダイニングに腰かけたとき、もしくはキッチンでの作業中にも広い空が堪能できるのは最高に気持ちがいい。

雷鳴が轟く春の雨上がりのこと、洗い物をしていたら、見上げた窓から二重の虹が飛び込んできた。思わず手を止め、しばし心奪われる。そんなことがよく起きる。

生活のメインとなるLDKは2階に

リビングは心が解き放たれ、穏やかになれる空間にしたい。狭いながらも両手いっぱい高く上げ、「う〜ん」と背伸びをし、モノにぶつからずルーズに生活したい。光もたくさん入り、風も流れ、適度な反響音もほしい。だからLDKは2階に配置した。

2階LDKのメリットはもう一つある。上は屋根しかないから天井を高くすることができるのだ。さらに窓を高い位置に配置すれば、隣家の目を気にせず光と風を取り

上：9帖ほどのLDKには2.4×1.5mの大きな窓が。ここからの景色が素晴らしい
下：LDK横の洋室6畳の仕切りは可動パネル。二つをつなげてワンルームとしても使える

込むことができる。1階には個室を配することで壁が多くなり、構造的に丈夫になるから2階のLDKを広くすることもできる。

敷地に庭があって中木以上の木が植栽されていれば、樹幹や花は2階の高さになることが多い。春は新緑が目を和ませる。夏は葉の反射がキラキラと輝き、秋は紅葉、冬は葉が落ち、太陽の恵みを部屋まで届けてくれる。隣家の視線を遮り、プライバシーが守れる効果もある。巣箱を置けば、鳥のさえずりをBGMに食事も摂れる。今まで興味のなかった鳥の種類にも興味が湧いてくるようになるのである。

「可動間仕切り」で狭い家を広く・機能的に

「TOFUハウス」では可動間仕切りを導入した。天井のレールに沿ってパネルを動かす形式なので、例えば「今夜は仲間とはじけたい！」という日は個室とLDKと廊下、階段をオープンにして全体を一つの部屋として使えるし、逆に一人で黙々と作業するときは冷暖房を利かせるためにミニマムに仕切る。昭和の家は襖が同じような役割をしていたが、あれをお手本に空間をコントロールできる。コンパクトな家を広く、機能的に活用するのにはうってつけだ。

「60ハウス」と「ぴっころハウス」

人生のB面では生き方を見直し、それまでの物にあふれた生活からシンプルに生きるのがいい。家がコンパクトになれば、自ずとその空間にフィットした生活をしようとするだろう。ここでは「TOFUハウス」の他に、私が考案した「60ハウス（ロクマルハウス）」と「ぴっころハウス」を紹介したい。

「60ハウス」～二人暮らしにちょうどいい平屋

戦後、アメリカ軍の軍人とその家族向けに建てられた洋風の平屋住宅、通称・米軍ハウスにヒントを得たアメリカンテイストのフラットハウス。60歳前後のリタイアしたカップルの理想の住まいを想定し「60ハウス（ロクマルハウス）」と名付けた。年を重ねても楽に暮らせるよう、廊下をなくし、車椅子になっても動ける空間となっている。南側には大きめのテラスを配置し、アウトドア・リビングのような使い方もできる。くわしくは拙著『60歳で家を建てる』にて。

60ハウス（スケルトンプラン）

延床面積　82.81㎡

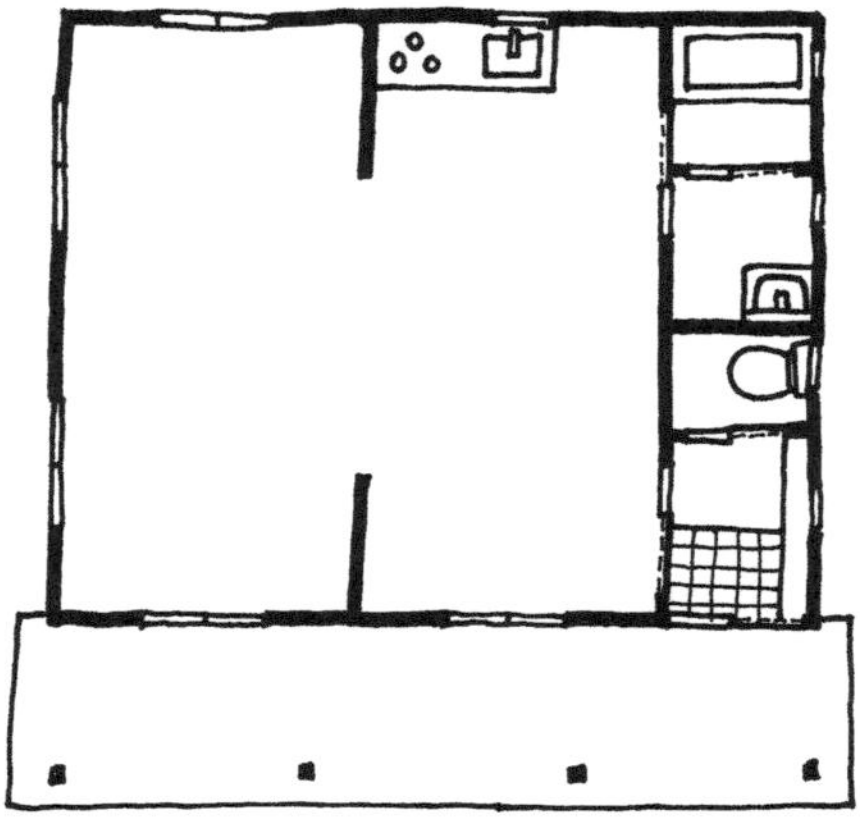

「ぴっころハウス」〜おひとりさま向けのミニマルな二階建て

「ぴっころハウス」は、拙著『60歳からの家』で発表した、一人暮らしを想定したミニマルな二階建て住宅だ。「TOFUハウス」よりもさらにコンパクトで床面積は約54平方メートル。建蔽率が60パーセントの住宅地であれば、約45平方メートル（約13・6坪）の敷地に理論上は建てることができるため、都心の狭小地にお住まいの方の建て替えにも対応できる。小さいので建築費も他の二つより安くできる（少し前なら1000万円台前半で建てられたが、2024年現在は1500万円前後が目安だ）。

さらに小さいながらも二階建てなので、1階をお店やサロンとして使ったり、趣味のガレージとし、2階を生活ができるプライベート空間に分けて使うこともできる。

私は趣味でウクレレを弾く。一般的なものよりひと回り小さい最小サイズのウクレレをピッコロというが、「ぴっころハウス」の名前の由来は、ここからきている。

生涯未婚率は2020年時点で男性で3〜4人に1人（28・25パーセント）、女性で5〜6人に1人（17・85パーセント）の割合だという。離婚やパートナーとの死別などで40〜50代で一人暮らしになる人もいるだろう。一人の人生を楽しむ一番小さな相棒として「ぴっころハウス」が広まってほしい。

ぴっころハウス

延床面積 53.82㎡

1F 26.91㎡

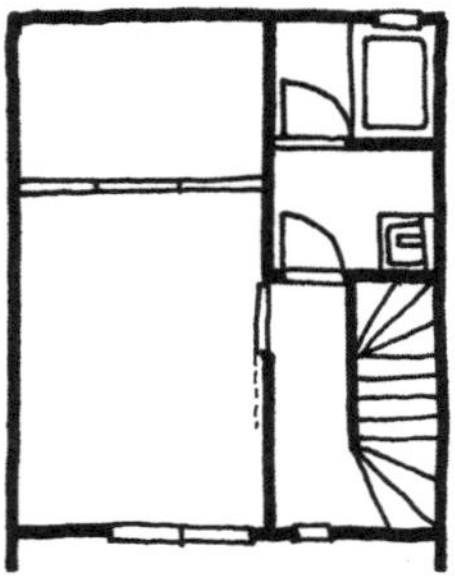

2F 26.91㎡

5

アラフォー住宅はこうリメイクする！

心豊かに暮らす快適住まいのつくり方

勝手に幸せがやってくる家とは？

第4章では、人生のB面で新しく住まいを手に入れたいと考えている方に向け、私なりの考えをまとめた。本章では「今の家をどうにかしたい」「新築は予算的に難しいので中古物件を検討したい」といった方々のために大金をかけずとも快適な住まいをつくる、とっておきのノウハウを紹介したい。

そしてもう一つ、快適に住まうために大事なことがあると思っている。

家は修繕したぶんだけ快適になるが、それだけでは足りない。なぜなら、そこに住まう人の心の状態も快適度や幸福度を左右するからだ。

極端な話、肝所を押さえてそこそこの快適さを手に入れれば、あとは心の持ちようで幸せは勝手にやってくるといってもいい。後半には、自分なりの心を幸せにするコツを紹介しているので、ご笑味いただけたら幸いだ。

アラサー・アラフォー住宅は早めの診断を

築25〜35年前後の建売住宅のことを、私はアラサー住宅と呼んでいる。1980年代後半のバブル期に建てたとすれば、そろそろアラフォー住宅である。30代で家を建てたシニアの方の家がまさにこれに当たる。既にあちこち手を加えているかと思うが、家を建てたあと、修繕が必要になる順番を時系列に書いてみる。家は丁寧に扱えば長く住めるので、定期的にきちんと診断してもらうことをお勧めする。

新築後5〜10年目＝防蟻工事

新築後5〜10年目にはシロアリの防蟻工事が必要になる。1990年代に建てられた住宅では、これをやっていないことが圧倒的に多い。しかし、シロアリが発生してから対策を講じていたのでは、被害の度合いが異なる。防蟻工事をしないで晩年に痛い出費になったお宅は経験上、かなり多い。

築10年目＝外壁塗装

築10年目あたりで外壁の塗り直しが発生する。色があせて見栄えが悪くなるだけでなく、表面のコーティングが剝がれたり、サイディング（外壁に貼る仕上げ板）の継ぎ目が劣化し隙間から水が浸入するからだ。二階建てであれば足場を組む必要があるので、少々値が張って１００万～２００万円ぐらいが目安。足場を組むついでに屋根を塗り替えたり補修するのであれば、追加で50万～１００万円といったところだ。

最近の屋根は15年ぐらいは耐えている感じなので、次の外壁を塗るタイミングで修繕してもいいが築20年後となると微妙なところだ。現場の状況による。

築10～15年目＝設備の入れ替え

築10～15年目は、内部の設備が壊れ出す頃だ。多いのはガスレンジの交換だ。ホームセンターで販売している置き型タイプだと、本体も交換工賃も安価なので５万～10万円。システムキッチンに組み込まれているビルトインタイプだと本体と工賃で15万～25万円。ＩＨクッキングヒーターに取り換えるのであれば電気工事も必要だから、本体と工賃で25万～35万円というところであろう。

築15年目＝ガス給湯器の交換

築15年目頃に多いのは、キッチンや浴室のお湯の出が悪くなり、ついに冷たい水しか出なくなるケース。ガス給湯器の交換時期である。真冬に壊れると最悪だ。我が家がそうだった。お風呂に入れず、シャワーも浴びられず、お皿も冷水で洗った。一気に貧しい「昭和枯れすすき」感が満載になって悲しくなる。だからこそ予兆が現れたら迷わず交換しよう。従来型のガス給湯器であれば15万～20万円、最新省エネタイプガス給湯器のエコジョーズで20万～30万円、この際、オール電化住宅に変えてしまうのであれば貯湯タイプのエコキュートで70万円前後必要である。ただし、オール電化は火を使わないから「火災予防」程度の気持ちで採用するのがよい。

その他、15年間の間には蛇口やそのパッキンの交換や照明器具の交換、床のワックスがけ、網戸の交換、建具の建て付け調整など小さな修繕が起こる。

築20～30年目＝床の張り替え

築20年から30年目になると、床の張り替えが必要になることがある。少し長くなるので、次のトピックでくわしく説明する。

築40年超のアラフォー住宅、注意したいのは床

築20〜30年を超えてくれば、なんとなく違和感が出てくるのが「床の傾きや沈み」である。特に1980年代後半からバブル後の1990年代前半ぐらいに建てられた住宅では、床がしなる症状が出てくる割合が高めだ。

人間は傾きに敏感である。少しの傾きで平衡感覚が乱れ、吐き気やめまい、肩こりなどの不調を訴えるようになる。床の傾きが1000分の6（0・34度）を超えると、ほとんどの人が違和感を覚えるといわれる。敏感な人では1000分の3、1メートル先がたったの3ミリ傾いただけで頭痛を覚える。

現在の住宅は建築業者に10年の瑕疵《かし》担保責任が義務付けられており、その間に家が傾いてしまったら建築業者が修正工事を行う責任がある。そうならないようにあらかじめ地盤調査をして必要に応じて地盤を補強してから建築するので、そうそう家は傾かないものである。……が、築30〜40年のアラサー、アラフォー住宅になるとほとんど地盤調査をしていないケースもあり、家が傾く事態が起こりうる。

湿地や造成地など、地盤が緩い場所に建てた家が傾いてしまっていることが多いので、築古の中古住宅を購入する際には、そこがどんな土地だったのかを知ることがとても大切になる。

傾いてしまった家を直すのは難しい。現在の住宅は「べた基礎」といい、建物の床下にはすべて鉄筋コンクリートが打ってある。例えれば、かまぼこが家だとすると、かまぼこ板がべた基礎にあたる。だから地面の一部が沈んでも、その部分だけ持ち上げれば家全体が持ち上がるので修正難易度は易い（それでも150万円以上は必要だ）。

しかし、アラサー、アラフォー住宅は、「布基礎」といい、建物外周だけに鉄筋コンクリートが打ってあるだけという場合もある。地面の一部が沈んだら、その部分だけ家が沈むため、直すのが困難なのだ。結局のところ、その一部分だけ応急処置するだけなので、抜本的な解決にはならないのだ。仮に床を平行に直しても、柱は傾いたままなので窓やドアはひし形になったままで隙間が空いてしまう。生活の質があまりに下がってしまうようであれば、建て替えも視野に検討することとなるだろう。

次に注意したいのは、床の沈みだ。最初に気が付く箇所は、洗面脱衣室あたりでお風呂との境の床だ。「ぐにょり」という違和感。この沈み込む感じが最初に現れる。

アラサー、アラフォー住宅の床は一見すると木の厚い板が張ってあるように見える。しかしながら実際は表面に数ミリ本物の木を貼ってあるだけで、残りは合板である。合板は接着剤で貼り合わせるので湿気に弱い。床下は土だから絶えず湿気にさらされるから接着が剥がれ、木も腐り、やがて歩くたびにトランポリンのように床が「しなる」ようになる。いつ足が床を踏み抜けてしまうか気が気でない日々を過ごすのは、心にも体にも悪い。

直す方法は大きく分けると二つ。いったん床と下地を撤去し、防湿シートを貼る、コンクリートを打つ、床下換気扇を付けるといった施工のあと、新たに床下地を組み、合板を張る。さらにその上に仕上げの床を張る。床だけでなく、床と接触する壁や建具の敷居も補修するので大工事になるが、クオリティは折り紙付きだ。

もう一つは応急処置パターン。次回同じ症状が出たら家自体を解体するという前提で、現状の床の上に6～12ミリ厚の床板を貼り増す方法だ。5メートル程度の廊下で15万～20万円といったところだろう。2階の部屋の床も沈んでいる場合もあるが、この方法だと安価で済む。「あと10〜20年住めればいいや、だから予算は最低限に」という方向けの期間限定の対処法である。

生活の一部を堅牢にする、暖かくする

アトリエシゲ一級建築士事務所には、さまざまな相談が舞い込む。新築の個人住宅の設計依頼はもとより、住宅や店舗のリノベーション、投資物件の活用提案、空きテナントで料理店を開くにあたっての各種法律相談、相続にあたっての空き家や土地の再利用提案など。

中でも最近多いのは「誰も住まなくなった実家を別荘代わりに使いたいが、寒いし、耐震性が気になる。バリアフリーに改造したいし、全部直すのにいくらかかるか?」という質問だ。この断熱・耐震・バリアフリーの3点セットにかかるコストを大真面目に回答するとたいがい「え、そんなにかかるんですか!」と驚かれる。

リフォーム、リノベーションは、今ある建物の一部を取り壊して、そのサイズに新たに加工して搬入して組み立てる。よって材料費、運搬費、施工費すべてが割高になる。結果、全部取り壊して建て替えた金額に肉薄してしまうのだ。

親からもらった「棚からぼたもち」的な実家であれば、きっとポケットマネー＋アルファ程度の資金で賄いたいであろう。そもそも人生計画になかった資金配分なのだから。では、この3点セット問題をどうにか解決できないものか。

それは一極集中が鍵となる。東京が日本の中心であるように、家にも中心となる部屋に望みを集中させるのだ。

大きな家は、四六時中いるお茶の間とキッチンの内壁を耐震補強をして、床に断熱材と床暖房を入れ、窓は内側に樹脂サッシュを入れる。壁は白色のビニールクロスを貼り、照明もＬＥＤ照明に変えればとても明るくなって機能性もアップする。ここまでの内容で建築会社にいったん見積もりを出してもらう。３００万～５００万円が目安だろう。

もう少し予算に余裕あるなら、次の順番でトッピングをしてみる。

①キッチンを取り換える
②浴室をユニットバスに取り換える
③寝室の内壁を耐震壁にする

これら三つの総額が800万〜1500万円といったところ。

忘れてならないのが屋根・外壁の塗り替えだ。雨漏れや外壁がひび割れている箇所が意外にも多く見受けられる。これらの状態が悪いとやっかいだ。

通常の屋根外壁の塗り替えであれば150万〜200万円程度だが、屋根自体を張り替えるとなるとそれだけで200万円以上はかかってしまうだろう。

実家に手を加える際には、まず屋根の状態を調べてからの検討が肝要である。雨漏れなどで傷んでいなければリフォーム、リノベーションをする価値がありそうだが、雨漏れが多いボロ家であれば解体するという英断も必要だ。

余ってしまった部屋の活用法

シンガー・ソングライターの平松愛理さんが1992年に発表した『部屋とYシャツと私』という曲は、結婚前の女性の心境をシュールで温かみのある歌詞で表現し、大ヒットした。その続きが聴きたいというリクエストが多く寄せられたらしい。2019年に『部屋とYシャツと私〜あれから〜』が発表された。

30年後あの夫婦はどうなったのかな？

歌詞をそのまま掲載できないのが残念だが、1992年の結婚直前は、「いびきや歯ぎしり」でさえ、好きなものの一つと受け入れ、二人で歩む人生の喜びにあふれていた。しかし、30年後は……やっぱり、いびきは大問題になっており「夫婦別室で朝を迎える」という状態になっていた。まるで綾小路きみまろの漫談じゃないか！　浮気をしたら毒入りスープで一緒に……のはずだったのが、「あなた一人で」という表現に変わっている。なんと恐るべきサイコスリラーな展開だ(笑)。

30年経つと……、いや「30年も経てば」なのだろう。夫婦にはベテラン漫才コンビのように別々に過ごす時間が必要なのかもしれない。30年どころか、とうの昔に「子ども部屋に移動した夫」の話もこれまで相当聞いているが、それぞれがプライベートな部屋を持ち、夫婦がちょうどいい距離感に戻るのは良いことだと思う。

眠りにとことんこだわってみる

安いパックツアーで海外に出かけると、土産物屋さんに連れて行かれることが多かった。冷やかし程度にショーケースを一周して集合時間を待つのだが、枕や布団などの寝具関係の店に限っては両手一杯に荷物を抱えて戻ってくる人を見かけたことがある。共通しているのは、多くは60代前後の方であるということ。人生の3分の1は眠りだから、後半の人生はもっとここちよく眠りに就きたいということなのだろう。

定年を迎えたあと、一番長い時間いることになるのが家だ。誰しも気持ち良く起床でき、健やかに眠ることができる家に住めたら快適に過ごせるだろうと思うはず。

個人的には眠りに特化した防音室をつくってみてもいいと思う。使われなくなった2階の子ども部屋を防音室にして、階段には階段昇降機を付けるのだ。できればトイレも廊下を通らずに部屋横に移設してしまえばベストだろう。

寒い浴室・トイレ・キッチンは火気から電気へ

アラサー住宅も築30年目を超えれば水回りを直したくなる頃だろう。まずは浴室。当時はタイルとポリバス（プラスチック製の浴槽）の造り付けタイプが主流であったが、とにかく寒い。タイルの目地も剝がれるし、排水目皿に絡んだ髪の毛を取るのが気持ち悪い。また、浴室内に給湯器がある「バランス釜（バラ釜）」タイプの場合は、周辺にゴミが溜まって不衛生である。壁や床のタイルも黒カビだらけだ。天井はベニア板にペンキを塗ってあるだけのことが多いので、ベニア板の塗装が剝がれてペロ～ンと垂れ下がってしまうこともしばしば。

この場合、浴室を壊して最新型のユニットバスに交換するのが王道だ。既存の木組みの内側に設置するので浴室内がひと回り小さくなるが、周辺に断熱材を敷き詰めるので寒さは解消する。水をはじく素材なので、床はすぐにカラッと乾くし、壁も継ぎ目が少なくカビも生えにくい。湯沸かし釜がなくなるぶん、浴槽は広くなる。洗面脱衣室との段差もなくなる。浴室暖房換気扇であらかじめ室内を暖めておき、湯船に浸かれば、長風呂必至である。お値段は50万円からが相場だろう。

さて、トイレはどうだろうか。さすがに昭和の「汲み取り式」は空き家バンクの古民家ぐらいだろうが、それ以外の古い水洗式のトイレだとすると、不満は水たまり部が小さく、汚物汚れが付きやすい洋便器ぐらいではないだろうか。便器自体を洗浄機能付き便座に取り換えれば、悩みは一発で解決だ。便器交換で20万円から。

最後にキッチン。バブル期あたりに建てられた住宅は「キッチンセット」という、流し台＋調理台＋コンロ台を組み合わせてコンポーネント化したものが主流であった。継ぎ目があり、置き型コンロの周囲に汚れが溜まるのが欠点だ。また、当時の女性の平均身長に合わせて高さを８００ミリにしてあるので、最近のシステムキッチン（高さ８５０〜９００ミリ）に慣れている若い世代だと、腰に負担がかかってつらいだろう。

キッチンを交換したいと希望するお客さまの一番の理由は、キッチンセットの本体が壊れてくることだ。扉の表面が剥がれた、取っ手が取れてどこかへ行ってしまった、扉が落ちた、引き出しの底が抜けた、流しの下が腐ってきた……など。隙間が多いのでゴキブリの巣窟になっている可能性もある。こうなったら迷わず最新型のシステムキッチンに交換だ。ゴキブリ予防のパッキンが充実しているので、恐る恐る引き出しを開けることもない。腰をかがめなくても取り出せる引出式収納なら、一番奥の瓶も楽に取り出せる。排水口の詰まりもワンタッチで取れる。ＩＨクッキングヒーターを採用すれば、消し忘れによる火災の心配もなくなる。予算は50万円ぐらいから。

木造三階建てと時間差一夫多妻制の話

離婚した女性が再婚する場合、選ぶ相手は同じ離婚を経験した男性が多いという。
では、離婚した男性はどうか？　こちらは逆に未婚の女性と結婚するパターンが多い。

こうして一部の男性が初婚女性と結婚と離婚を繰り返すと、時間をおいて何人もの妻をめとることになり、一夫多妻制のような現象が起きる。これを「時間差一夫多妻制」と呼ぶらしい。

さて、１９８０年代後半から木造三階建ての建売住宅が多く見られるようになった。背景にあるのは１９８７年の法改正と、バブル景気による土地価格の高騰だ。都市部の住宅価格を抑えるために、不動産開発業者が敷地をさらに小さくし、木造三階建ての着工数を増やしたのだ。木造三階建ての住宅は主に関西地方で積極的に建てられ、付近を走る新幹線の車窓からは林立したペンシル状の木造建売住宅が多く見られるようになった。

あれから30〜40年が過ぎ、30代で購入した所有者もシニアとなった。だんだんと足腰が弱ってくる頃だろうから、三階建てでは階段の上り下りがきつくなってくる。一方で木造三階建住宅は建築基準法により構造計算を行った耐久性と耐震性が高い建物のため、あと20年は普通に使える。どう活用すべきかを悩む時期だ。

こうした三階建てアラサー・アラフォー住宅の活用法としては、65歳ぐらいをめどに自宅を貸し出してみるのもアリだと思う。賃貸の収益で自分たちは駅前のエレベーター付き賃貸マンションを借り、平面な生活を送るのだ。

借り手が付きにくい立地だったり、そのまま自分たちで住み続ける場合は、1階と2階だけで生活が送れるようにリフォームを施す。2階をメインで暮らす部屋とし、1階を寝室にする。1階と2階の間の階段にはリフトを付ける。3階は物置きになるだろうから、直さずそのままにする。金額は300万円〜が目安になる。

日中は2階のＬＤＫで過ごして、夜になったらリフトで一階に下りて寝室で休む。車椅子の生活になったら特別養護老人ホームに移り、リフト付き住宅は65歳以降の世代に賃貸として貸し出す。こんなふうに「時間差多用木造三階建て住宅」として活用できればいいだろう。

半分余った二世帯住宅の活用法

二世帯住宅は大別して「完全二世帯住宅」とそうでないものに分けられる。

玄関から水回りまで完全に生活を分けられるのが「完全二世帯住宅」。一つの建物を完全に二つに分けている状態なので、片方を賃貸住宅とする活用が見込める。マッサージサロンや英会話教室など、日中にあまり大きな音・振動を出さないという条件を付けて店舗、事務所として貸すこともできる。シニア世代にもなれば、二世帯住宅は減価償却も終わっている頃だろうから、家賃を丸まる生活費に充てることができ、住宅が資産として生きてくる。

一方で少しテクニックが必要な二世帯住宅の間取りが、「玄関が一つだけ、その玄関を利用して2階に上がる階段が一つだけ」のパターンである。この場合は、玄関から2階まで専用の廊下と階段をつくって2階を貸すことを考える。または、新しく外階段をつくって直接2階に上がれる経路をつくることも視野に入れる。

築年数が20年程度であれば構造も丈夫につくられているから活用できるのだが、40〜50年選手になってしまうと、2階床の強度も弱く水平方向の揺れや上下の振動、薄い床からの騒音漏れも心配だ（バブル期は安普請の住宅も多かった）。補強するためには多大なリフォーム費用がかかる。経費倒れしてしまう可能性も十分にある。

築年数の古い住宅であれば、無理な改造は避けておいたほうがいい。2階は子や孫が帰省したときのためだけに使う部屋として割り切り、たまに掃除するだけにしておく。子ども部屋だった場所は、当時のまま「楽しい思い出の部屋」として残しておく。一緒に写真アルバムも置いておけば私設記念館となり、たまにそれらを見返して穏やかな気持ちになれ、精神的に有意義な部屋として活用できる。

また、2階をそのまま残しておくことで、夏の暑さが和らぐこともある。鉄筋コンクリート造の共同住宅の最上階の住民の悩みの一つに、夏のエアコンの利きがとても悪いことが挙げられる。コンクリートの屋根や外壁が日中の暑さを吸収し、夜に熱を放出することで起こる現象である。同様に木造二階建て住宅でも2階が暑さを和らげる緩衝帯になってくれることで、1階は暑さをしのぎやすくなる。

逆に冬の2階は、陽差しが部屋の奥まで差し込み暖かい。足腰が丈夫なうちは階段を緩やかに改造しておき、冬の間は2階で暖かく生活するのもいいだろう。

自分の趣味の開放の場としても活用できる。鉄道模型仲間ととんでもなく長いレールを敷いてみたり、18ホールのパターコース場もつくれるかもしれない。私設画廊として写真や絵画を飾っても面白い。2階を残して心の贅沢を味わおう。

ズボラ人間の「片付け最終計画」とは

キチンと片付けようとするから続かないのである。そもそもキチンとしまえる人は、私のようなズボラとは資質が違うのだ。苦手であれば片付け本はいったんその辺に伏せておこう。片付けはほどほどにし、あれこれ悩まず他の特技を生かす。これが私の結論。すべて解決とはいかないが、私なりのアイデアを紹介しよう。

まずは「ハレの部屋」の項（156ページ）で紹介したように、片付いていない部屋ときれいを死守する部屋とに分けてみる。一日で一番多く過ごす空間だけを小ざっぱりさせて、視界に入るイライラ・モヤモヤ情報を軽減させるのだ。他の空間は散らかったままで諦める。この境界を私は「最終防衛エリア」と捉える。

友人を呼びたいのであればLDKと洗面、トイレ、廊下、玄関ぐらいは小ぎれいにして、寝室や収納はギュウギュウ詰めでOK。安眠ライフを送りたいのであれば、その逆にする。自宅を戦場と思えば面白い。「この陣地はキレイを死守するのだ！」ぐらいの気迫で頑張ろう。

次は建築家的な提案。倉庫用の運搬台車を活用した「部屋丸ごと倉庫作戦」だ。奥に押し込んだまま二度と日の目を見なくなったモノたち。それらを幅80センチ・奥行き60センチ・高さ170センチの棚付き運搬台車に放り込んでしまうのだ。

収納場所は使っていない部屋。4・5帖なら6台、6帖なら8台程度を並べて、自由に動かせる。大きさとしては一間幅のクローゼット4個分もの巨大な引き出しになる。ここにあなたの欲望のまま、荷物を詰め込んでしまおう。

運搬台車のメリットは、台車別にラベリングできることだ。年度別や用途別に分けておくと整理がしやすい。古い台車から再仕分けすることもできるし、季節ものの扇風機やストーブ、夏物・冬物の衣類や寝具なども仕分けがしやすい。廊下も通れるので部屋間の移動も可能である。エレベーターにもそのまま乗るから、リフト付きのトラックレンタカーが借りられれば、自分たちで引っ越しも夢ではない。

気になるお値段はというと、ネットショップで1台2万5000円程度。全部で20万円ぐらいの投資になるのだが、仮に大工さんに相応の固定棚をつくってもらったら20万円は軽くオーバーする。悪い投資ではないと思うのだが、どうだろう。

デメリットは使わないときでもスペースが必要となること。また、床に負担がかかるので床の補強は忘れずに。床材を余分に張ったり、下地の根太《ねだ》補強を専門家に相談するといい。

上がるニュース・下がるニュース

私の父は日曜大工や畑仕事をしているときにＮＨＫのラジオ放送を好んで聴いていた。単調で平凡な話題でつまらないな、とずっと思っていたものだ。……が、自分の還暦が近くなると、なんとその単調な音がここちよく聴こえてくるではないか。

アナウンサーのゆっくりと落ち着いたトーンの発声、災害や事件は事実だけを淡々と伝え、余計なコメントもほぼなく、判断はリスナーに任せる潔さ。同局のテレビニュースも同様である。スポンサー獲得のための視聴率競争なんぞ、我関せずとばかり、これまた音の数を少なく、声の抑揚を抑えて、ほしい情報だけに集中できるためだろうか、窓を開けて鳥の声や風がそよぐようにも聴こえるのだ。

前向きに暮らすには日常も楽しい話題で包まれていたいものだ。そんなときはラジオでコミュニティFMを聴くことにしている。コミュニティFMとは、放送エリアが地域（市町村単位）に限定されているラジオ放送のこと。災害時には緊急の避難情報などを伝えるが、通常は地元ならではの、明るく新鮮な地域密着情報を流している。

私の地元のコミュニティFM局では、毎週県内の小学校の校歌を流している。卒業生のリスナーに呼びかけて、当時のエピソードとともに紹介するのだ。私も40年ぶりに投稿し、集団登校のことや湧き水のプールが冷たかった思い出を書いたら、電波に乗って流れてきた。

とある南の地方を旅したときなどは、レンタカーのカーラジオから「◎◎地区のなんとかさん、100回目のお誕生日おめでとうございます！」とか「〇△□で盆踊り大会があります」と心温まる情報が流れてきた。幸せのおすそ分けをいただけた気分になって、思わず顔が緩んでしまった。

たまには、こんな「上がるニュース」でリフレッシュするのもいい。

梅雨空をここちよく過ごす工夫

梅雨のシーズンになると心までジメッとした気分になりがち。だけど一年にこのシーズンにしかできない時間の過ごし方もあるものだ。

一日中雨が降る日は、窓のカーテンを全開にする。外は雨、もしくは曇りだから夏のように眩しすぎる光が入ることがないので、遮光の必要がない。視界にはいつもと違う景色が広がる。庭の新緑と部屋がつながり、いつもより広々と感じるはずだ。

台所から大皿を持ち出し、窓の外に置いてみる。雨水が溜まり、やがて波紋がここちよいリズムを醸し出す。

「カーテンを開けると目の前が道路」というお住まいならば、道路に向けてお気に入りの花や写真、土産物やぬいぐるみやフィギュアを並べてディスプレーにして、街ゆく人の目を楽しませて差し上げよう。米軍基地近くの洒落たダイナーのように、LEDネオン管を使った艶やかなサインを道路に向けて点灯させれば部屋の内外からアメリカンな気分に浸れる。

どのカーテンを開いても、お隣さんの窓と向かい合ってしまう場合は、室内でお香やアロマを使って香りを楽しむ。暑くも寒くもないので香りをよく感じられる。

日照時間も少なく、晴れ間の少ない北欧の郊外住宅の窓はいつもカーテンが全開である。家人と目が合っても微笑み返してくれてちょっとうれしくなる。梅雨の静かな時間の流れの中に身を委ねて、読書や音楽、創作をするのも悪くはない。

ほうきと雑巾を見直す

空気中を漂っているチリはやがて床に落ちて積もり、吹き溜まりに溜まり綿ボコリになる。掃除機で吸い取ればいいのだが、ほうきを見直すのはいかがだろうか。コンパクトな平屋であれば2階に掃除機を運ぶ手間もいらないし、そもそも掃除する面積も少ない。外に出入りできる大きな窓のことを「掃き出し窓」というが、名前の由来は外にホコリやゴミをほうきで掃き出していたことからきている。これを復活させて、ほうきと塵《ちり》取りでホコリを自然に返すのだ。

床にはホコリ以外に、目に見えにくい油汚れなどがこびりついている。こちらは中性洗剤を含ませ絞った雑巾でたまに拭いてみよう。最近のフローリングはワックスがけ不要タイプが主流なのでちょうどいい。

そんなふうにさくっと掃除を終わらせたら、畳に寝転ぶ。イグサの香りが気持ちを穏やかにしてくれる。柔らかいから素足で歩き回っても疲れない。ついでにヨガやストレッチもできる。音を吸収するので耳がキンキンしない。さらに畳はホコリを吸着させにくいので、ほうきで簡単に掃き出せる。

香りにこだわってみる

玄関を開けるとお香の香りが立ち込めるお宅は、暮らしぶりが上質だなと思う。

あるお宅に訪問したときのこと。部屋が片付いている、掃除もしてある、照明も光源や光量を落とした間接照明で目が安らぐように調整してある。リビングに通されると穏やかなリスニングミュージックが流れている。ここまでですでに「お、やるな」と思うが、これに香りが加わったらホスピタリティの金メダルを贈呈したくなる。

良い香りは、一瞬で心豊かになれる特効薬だ。

お寺のお堂に入ると、ビャクダンの香りがする。その瞬間、ほどよい緊張感に包まれて、シュッとした気持ちになる。

生花が一輪テーブルにあるだけで、食卓が良い香りになり気持ちが軽やかになる。木の香り、特にヒノキのフィトンチッドは日本人に染み付いた懐かしい香りがする。ヒノキの風呂桶があるだけで高級和風旅館の総ヒノキの露天風呂に来た気分になってしまうのは私だけか。

嫌な香りがちょっと減るだけでもうれしいものだ。長期外出から帰ってくると1階の和室がちょっとカビ臭いことがあり、オゾン脱臭機なるものを試してみた。オゾンは人体に影響を及ぼす可能性もあると聞き、念のため無人の部屋に一定時間だけ発生させた。気のせいかもしれないが、臭いはなくなったようだ。トイレのアンモニア臭にも効果的だという。

ギグエコノミーというスポット労働の可能性

自分の空いている時間に仕事を見付け、スポット的な作業をして報酬を得る。そんな新しい働き方をギグエコノミーという。「ギグ」とは音楽用語で、一度だけ開かれるコンサートなどを示す言葉だ。

ギグエコノミーの分かりやすい例はウーバーイーツだろう。個人事業主としてサービス提供会社に登録し、近所の飲食店から出前を取りたい人に届けてくれる。

東南アジアではだいぶ前から、同じ仕組みでアプリを介した白タクサービスが普及していたが、日本でも２０２４年に一部地域から限定的に始まり、タクシーが不足する地域を中心に浸透していくだろう。また、飲食店などのアルバイトを時間単位でマッチングさせるサービスや、観光地を旅しながら一部の時間をアルバイトとして働けるサービスも登場し始めているが、これらもギグエコノミー的な働き方だ。

シニア世代、これからシニアになる世代にとっては、生活を支えるためにフルタイムで仕事をしなくても、気の向いた時間に気の向いた仕事をするギグエコノミーな働き方が有益だろうと考える。お試し就職体験をあれこれすることで、自分の新たな発見に結び付け、シニアが起業することが普通になる時代が来るかもしれない。

過程を味わうという幸せ

1週間程度の国内旅行だったら、機内持ち込みサイズのスーツケースにバサッと荷物を入れて「ハイ出発！」が私のスタイル。……が、一緒に行く妻はそうではない。出発の3週間も前から毎日が旅の支度だ。「なんで君はいつもそんなに支度が長いのか？」と尋ねると「旅先で着る服をイメージするのが楽しいし、プールで泳いだり、ショッピングしたりする際の身だしなみを考えたりする時間が楽しいから」と言う。

私はウクレレ片手に、浜辺を探してポロロンとし、暑くなれば海にドボーンするだけだから、旅の目的は1行で足りる。彼女は便箋2枚分に匹敵する濃厚な旅なのである。旅は支度から始まっている。家に着くまでが遠足。より長く味わえる。

母が車椅子になったら慌てた話

これまでの人生でこれといったケガをしてこなかった私の母82歳。ところが、昨年の寒い冬、入浴時に床に膝をぶつけて以来、左足の痛みで歩けなくなった。数日後には弟と三人旅があった。新型コロナも一服したところで前から楽しみにしていたので、無理を承知で決行することにした。

ランチに向かったのは、人気のイタリア料理店。大きなホールは人でいっぱいだ。一番奥のサンルーム席を予約していたのだが、足をいたわりながら歩く母のために入り口近くの席に変更してもらった。

歩くのは一苦労だが、椅子に座りさえすれば母の饒舌が冴えわたる。私たち子どもに向けてアドバイスという名の教育的指導が始まる。「アレは体に悪いからやめろ」「この体操をやってみろ」と。

食事後はホテルに一直線。予約をしておいた車椅子に母を乗せ、館内を移動する。宿泊室の中まで車椅子が入るので助かった。エレベーター待ちでは周囲の方々に親切にしていただいたし、食事も健常者と変わらずに支障なく摂れた。母が楽しみだった大浴場は介護補助者がいなかったので見送ったが、妹が参加していれば入浴も可能だった。帰り道、ホームセンターやドラッグストアに寄ったが、ほとんどの店で車椅子の貸し出しがあり、便利であった。

足が悪くなると、トイレまでたどり着けなくなる。そこで紙おむつを用意したり、翌月には介護支援認定を受けて手すりを設置することにした。市の福祉課の担当職員さんとケアマネジャーさんと介護用品スタッフさんの連携がよく取れていて、母は不安を抱えることなく穏やかな生活を続けることができている。

体の変調は急にやってくる。周りを見渡すと50代から始まっている人も多い。歩けなくなることが健康阻害の第一歩、バリアフリーの備えについて早めに考えておく必要を実感した。

幸い母は父と二人で生活しているため、食料品の買い出しから炊事・洗濯までを器用な父がすべてこなす。父は普段から家庭菜園をつくり、料理好きなので野菜たっぷりの減塩メニューを次々に開発して母の体調も回復に向かっている。あまりにおいしいので何かと理由をつけて実家に帰り、父の料理をいただくことにしている。

6

相続した実家はこう生かす!

空き家になる前に知っておきたい活用法

実家が空き家になる前にすべきこと

実家の空き家問題が顕在化して久しい。少子高齢化が進んだ結果、地方の商店街はシャッター通りとなり、郊外に向かって歩けば虫食い状の空地が目立つようになってきた。かつての日本の栄華を知っているだけに、廃れてゆく様を目にするのは実に寂しいし、次の世代にとっても将来のこの国に希望が見えにくく映ることだろう。

総務省が5年ごとに実施している住宅・土地統計調査によれば、令和5年（2023年）の空き家率は13・8パーセントで過去最高を記録した。数にして約900万戸、7戸に1戸が空き家の計算になる。900万戸の中には賃貸や売却用、別荘として一時的に空いているものも含まれるが、使用目的のない空き家だけでいえば385万戸、空き家全体の43パーセント近くにのぼる。これから先は団塊の世代の高齢化が進む。介護施設に入居したり、亡くなることで、実家が空き家になるケースは今後も増え続けるだろう。

空き家問題はこれといった特効薬もなく、立ち向かうには失うものが多い。ただ、自分のセカンドライフを軽やかに生きるためには、道筋だけでも立てて晴れやかな気持ちで歩みたい。そのためには実家が空き家になる前に、親や親族と話し合っておくことが大切だ。「親が亡くなったあと、誰も住む予定がないなら処分はどうするか」「家の名義は誰になっているか」「物であふれかえっているなら親がヘソを曲げずに減らせる方法はないか」など。

親御さんがお元気なら、すぐにでも動き始めたほうがいい。認知症の症状が現れたり、介護施設に入所されたり、相続が発生してからだと大変なことになるからだ。

親が認知症になってしまうと家の処分は不可能に

実家が空き家になるのは、ご両親が亡くなられた場合か、老人介護施設に入所することになったという場合がほとんどだろう。

老人介護施設に入所して空き家となるケースで、家屋の名義人である親が認知症を発症している場合はやっかいなことになる。認知症と診断されると正常な判断ができないことから、金融機関は口座を凍結する。介護費用を親の貯金で賄おうとしても、下ろすことができなくなるのだ。さらに不動産の売却はもとより賃貸に回すこともできなくなってしまう。

資産管理については、認知症発症後にできることは、基本的に一つしかない。「法定後見制度」を利用して、家庭裁判所を通じて選任された弁護士などと財産の管理を進めることになる。ただ、毎月の報酬が発生し、手続きも大変であるし、家の売却が認められない場合もある。「親が元気なうちに話し合っておく」というのは、こういった背景がある。

認知症になる前に、親と話し合いができていれば、判断能力が低下した際の後見人を家族や親族に指定できる「任意後見制度」や、家族が資産を管理する「家族信託」という制度が利用できる。いずれの場合も親が存命のうちに家を売却できる。相談先は司法書士事務所や弁護士事務所になる。

最近は、面倒な手続きが少ない家族信託が注目されているが、まだ一般的に広まっているとはいえないので、実績がある事務所に相談することをお勧めする。

空き家のまま放置しないほうがいい理由

実家を空き家のまま放置してはいけない。固定資産税が跳ね上がったり周辺地域に迷惑をかけたりする可能性があるからだ。

これまで住宅が建つ土地は「住宅用地特例」で固定資産税が6分の1となっていた。そのため「更地にして高い税金を払うなら空き家のままにしておく」という選択肢を選ぶ人も多かったのだが、２０２３年に空き家の法律が改正された。

この改正により「管理不全空き家」という区分が新設された。樹木が伸び放題だったり、窓ガラスが割れたままだったりすると「管理不全空き家」に指定され、行政から指導や勧告が入る可能性がある。従わない場合は、固定資産税の優遇がなくなるどころか50万円以下の罰金が科されてしまう。

また、最近は巨大台風などの災害が頻発しているが、自宅の樹木が倒れる、屋根が吹き飛ぶなどして、隣家に被害を与えると損害賠償が発生するリスクもある。

売却するのも大変だ。家の中の荷物を引き払い、空っぽの状態で引き渡さなければいけないからだ。人が住まなくなれば、家は急速に朽ち果てて、状況はどんどん悪くなる。売るにせよ貸すにせよ、空き家のまま放置するメリットは何もない。値段が付かなくなる前に、早めに対処をすることをお勧めする。

解体して更地にする場合のコスト

家の売却も貸すことも難しい場合でも、更地にすれば売却できる可能性は高くなる。ただし、解体するにしても、その費用はうなぎ上りである。20年ぐらい前だと1平方メートルあたり1万円～であったが、解体分別義務のある今日では2万円～が相場だ。100平方メートル（約30坪）の木造二階建てだと200万円前後になる。また、2022年の法改正でアスベスト検査が義務付けられた。解体前にアスベストの調査をして、もし含まれていたとしたら専門の業者に頼んで別途処理をしなければならない。費用はかさむ一方だが、資金と体力のあるうちに負の遺産を減らしておくのも肝要である。

古井戸の使用を終わりにするのであれば、お清めを済ませておこう。井戸には水の神様が宿っているといわれるので、お清めをし、井戸にパイプを通してガスや堆積物を除去する息抜きという作業をすることが多い。井戸の神様が外に出てこられるようにという意味もある。適当に塞いでしまうと、地盤沈下など支障が出る場合がある。何より息抜きをすることで気持ち良く売買ができる。

なお、自治体によっては空き家対策として、解体費用の一部を助成してくれる場合がある。条件や金額は自治体によって異なるため、問い合わせをしてみよう。

0円不動産や空き家バンクを利用してみる

神奈川県の箱根町は東京からのアクセスが良いこともあり、避暑地として別荘が多く建てられた。

現在、築40～50年は経つであろう別荘の一部が空き家となり点在している。住み手がいない家の庭には雑草が生い茂り、木製のベランダは手すりや床が朽ちていることも多い。鹿のフンが見つかることから夜は動物の楽園となっているらしい。所有者は固定資産税だけを支払うのを嫌い、中古住宅として売り出したいと思っているのだが、いかんせんバブルの幻影を引きずっている。すなわち土地の価値が買値の3分の1以下になっていることを認めることができず、自ら設定した希望価格との折り合いが付かない。よって、そのまま放置しているというケースが多い。

結局、遺産相続時に子世代が引き継いで苦労する。ある別荘では凝りに凝ったデザインとフォルムが仇《あだ》になり、解体費用が残置物の処理を含めて250万円、更地にした状態での土地売買価格は300万円。仲介手数料や長期譲渡所得税の支払いなどを済ませるとプラスマイナスゼロとなった。

この例はまだ良いほうで、お金を持ち出すケースも多々ある。世間ではこうした負の遺産は「負動産」とまでいわれるようになった。売りたいのに売れないのだ。

それだけ困っているニーズが増えてきていることから、その「負の遺産」を手放したい人と有効活用したい人が出会える「0円不動産」を謳うマッチングサイトがいくつか生まれている。

「0円不動産」は、資産価値がほとんどない土地や、既存建物の解体費用や固定資産税代を節約したい人が現状のまま0円、または激安でいいから処分したい、早く解決してスッキリしたい、金銭的な事より精神的に楽になりたいという思いで登録する。

0円物件に興味を示すのは、工作やDIY好きな人が多い。自分が手を加えていく楽しさと、低価格で購入できたという二重の喜びを味わえることで、双方が満足できる仕組みだ。負動産問題のソフトランディングを狙える有効な方法かもしれない。

もう一つ、自治体が運営する空き家バンクに登録する方法もある。地方移住が注目されるようになって、地元の不動産屋では処分できないような物件でも移住予定者に売れる可能性が生まれている。少し手入れすれば住める状態であることなど、契約されやすい物件に特徴があるが、田舎にある菜園付きの農家住宅などはこれらを併用して処分を進めるのが賢明だと思う。

少し直して丸ごと貸す

実家が空き家になったら放置せず、こまめに帰って掃除をする。不具合箇所が見つかれば都度メンテナンスをする……しかし、これがなかなか難しい。よって使い道がない空き家は早めに売却するのがよいと思うのだが、将来的に実家に戻る可能性があるなど、所有し続けたいケースもあるだろう。

ある程度の人口がある都市部、都市圏に近い別荘地では、賃貸に回すことで多少の収益を生む可能性がある。賃貸にする場合は、次の三つの方法から選ぶことになる。

---

①不動産会社に仲介を依頼
②借り手と貸し手のマッチングサイトに登録（自治体が運営する場合も）
③都市部はサブリースで賃貸管理を任せる

3番目のサブリースはあまり聞きなじみがないかもしれないが、不動産会社が期限

を決めて賃貸運営を請け負うことをいう。物件の所有者には、修繕にかかる初期投資と委託料を差し引いた金額が手に入る。無人のままにして税金だけが出ていくデメリットを解消できるが、初期投資の金額を何年で回収できるかどうかが鍵となる。

移住・住みかえ支援機構の「マイホーム借上げ制度」

第3章で紹介した移住・住みかえ支援機構（JTI）の「マイホーム借上げ制度」。これが空き家になった実家の救世主になる可能性もある。

「マイホーム借上げ制度」は住み替えを希望する人、住まない家を活用したい人の自宅を、機構が借り上げて入居希望者に貸すための制度であるが、自宅以外に所有している物件も対象になる。

耐震性に問題のない建物であることが条件の一つなので、古い物件では耐震補強工事が必要になるが、工事費用は自治体から補助が出る場合もあるので、検討してみる価値はある。日本全国の物件が対象なので、少し田舎で「売りたいのだが値段が低すぎて……」という古物件でも借り手がついて、急に稼げる物件になる可能性がある。

民泊は少しハードルが高い

仮に不動産業者の仲介で、空き家を賃貸住宅として貸し出した場合、何事も契約書に則り対応しなくてはならない。例えば、解約時期の縛りが発生するので、貸主は思い立ったときに借主にすぐに退去してもらえるわけではない。クセの強い借主だった場合は、否応なしに対応に数年付き合わされる羽目になるので、やっかいだ。

流行りの民泊のように、空き家を宿泊施設に変更して大きな収益を狙うのも悪くないが、こちらは旅館業法で面積の制限、浴室の制限、食品衛生法で厨房の制限、消防法の消防設備の制限、建築基準法の用途変更の制限など、縛りが多く、多額の初期投資とランニングコストがかかるので、お気軽にチャレンジというわけにはいかない。

1時間単位で貸せるレンタルサービスで貸主となる

空き家を賃貸に出す場合、多くの人が思い浮かべるのは不動産会社に相談して、仲介してもらう方法だが、最近ではインターネットを使ったユニークなサービスが生まれ、より手軽に利用できるようになっている。

その一つが「時間単位で貸す」というレンタルスペースサービスだ。「一軒家　時間貸し　サービス」「一軒家　レンタルスペース」などのキーワードで検索するといくつかサービスが見つかるが、要はさまざまな空きスペースを登録し、時間単位、日単位で貸し出すというサービスだ。不動産業者に賃貸仲介を頼むより、圧倒的に簡単で手軽なのがいい。

貸し手のあなたは小ぎれいに部屋を掃除して、雰囲気のある写真と魅力的な文面を用意し、貸主（ホスト）となる。あとはインターネットでレンタルスペースサイトに登録してゲストを待つだけである。「お洒落な洋館じゃなくていいの？」という方もチャレンジしてみる価値はある。古くても掃除が行き届いていれば、例えば大広間を多目的スペースとして売りにすればいい。本人も気付かない思わぬ需要があったりする可能性はある。

草分け的な存在である「スペースマーケット」は、1万件以上の物件が登録され、用途やタイプごとに細かくカテゴライズされており、その検索のしやすさからゲストに支持されている。一軒家のカテゴリもあり、一時間あたり数百円~5000円台の価格設定が多い。

ゲスト側にとっても競争原理の恩恵にあずかれるので、ホストとウィン・ウィンの関係になる。支払う手数料は、時間レンタルの場合だとゲストが支払う利用料の3割を引かれてホストの銀行口座に振り込まれる仕組みだ。ちょっと割高に感じるが、紹介ページ作成から集客、運営のお悩み相談から損害補償までを賄ってくれるので「小回りの利くバイト君」を雇ったと思えばいい。

賃貸契約のように大きな収益を狙うのは難しいが、年に数回ある地獄の草むしりの対価代わりに、または固定資産税代を少し浮かせるくらいでいいと割り切れるならお勧めしたい活用法だ。

洋館や和風住宅ならスタジオに

あなたがもし洋風や洋館風の住宅を空き家で持て余しているのであれば、コスプレの撮影会の需要がある。仮面舞踏会風や宝塚歌劇団風、特に古い洋館とゴスロリ（ゴシック&ロリータ）ファッションとの親和性が高い。他には人形愛好家の撮影会、ドラマの回想シーン、プロモーションビデオの撮影の需要も考えられる。

和風住宅であれば、書道や琴教室の習い事の場所として、着物着付け教室用や茶会の場所としての需要が見込まれる。純和風の部屋を背景に、自ら着付けした着物でシャッターを押せば友人よりワンランク上のインスタ映えが狙えるので、一般のゲストの需要も期待ができる。

もとの建物が豪華絢爛《けんらん》でビンテージ感にあふれていれば、洋風も和風も好需要が見込めるが、「うちの空き家は普通のボロ家で……」という方も多くいらっしゃるだろう。「今にも朽ちそうなこんなボロ家では利用者なんていないのでは？」と思いがちだが、自主制作のホラー映画の舞台や怪談ナイトの会場に利用価値があるかもしれない。面白がって登録してみれば、案外と需要が出る可能性はある。貸し出す決心がついたら、前述したレンタルスペースのサイトに登録することで手軽に始められる。

古民家なら飲食事業者に貸す

自宅から駅まで歩く道すがら、目に留まる平屋の一軒家。建物は25坪程度、敷地はざっと70～80坪はあろうか。外壁は木の羽目板を縦に張ってあり、窓枠は木製、屋根は勾配の緩いトタン葺で築50年ぐらいと思われる。いい建物なのだが、住み手は既にいないらしく、雨戸は閉めたまま。庭は雑草が生い茂る。解体され二区画程度に分けられて建売住宅にでもなるのかなと思っていた。

ある日、とうとう解体業者がやってきた。塀を壊し、植木を伐採し、物置が撤去された。ここまでは普通の解体工程だった。次は大型の重機が入って建物本体を大きなハサミのようなアームで一気に壊すと思いきや、職人さんが丁寧に木枠の窓を外し、そっと倉庫に保管したあと、内装を剝がし始めた。

建物本体の外装はそのままに、中身だけを一部を取り壊して解体は終了。次に大工、電気、設備業者が工事に入り、塗装業者が外壁を塗り、外構業者が駐車スペースに砕石を敷き、庭に芝が張られ、すっかり化粧直しされたのだった。

2週間後、住宅の前には「一軒家トラットリア」の小さな看板が立っていた。最初こそお客さんは少なかったが、一年後には予約を取らないと食べられない評判の店になっていた。

この築50年程の住宅は、当時は高級住宅ではなく、ごく平均的な文化住宅だった。ただ、駅から徒歩5分ほどでたどり着くことができて、駐車スペースが4台分取れ、建物も素直な長方形で庭もソコソコ広いために「こだわりの一軒家飲食店」にするにはもってこいの物件だったのだと思う。

おそらく所有者が不動産業者にこの空き家の相談をしたところ、「今、土地を売ってもバブル景気の頃の3分の1の相場でとても安く買い取られてしまうし、空き家の解体費用もばかにならない。差し引きすると実入りが思惑と随分乖離《かいり》してしまう可能性があるから、このまま貸してはどうか？」と提案されたのだと想像する。

不動産業者、もしくはブレーンに提案力のあるコンサルタントがいてチームで有効活用へと導いてくれた良い例だと思った。提案力のある不動産業者に巡り合えたこの所有者はとてもラッキーだ。

自分の所有する空き家を飲食業を始めたい人に貸したいと思ったなら、不動産業者に「店舗として貸したいのですが」という旨で相談をするのがいいだろう。数軒あたってみて、ニュアンスがうまく伝わっていそうな業者に巡り合えたなら、そこでお願いしよう。どこも脈がない、または募集を始めて半年以上経っても反響がない場合は、並行してインターネットの店舗専門サイトに登録してみるのもいいかもしれない。

インターネットだと募集エリアが少し広がるので、遠方からの反響が期待される。それでも反響が芳しくない場合は、所有住宅が飲食店としての求心力が不足していることが考えられるので、計画を再検討する必要があるだろう。

ちなみに飲食店はどこでも開けるわけではない。都市計画法の用途地域の中で「第一種低層住居専用地域」に該当すれば、店舗専用では開けないので注意が必要だ（一部例外あり）。また、用途に供する部分の延床面積が２００平方メートルより広い場合は建築基準法の用途変更確認申請が必要になる。

スタジオとして音楽愛好家へ貸す

第4章で登場した原田芳雄似の「ドーム な男」の話だ。

彼の趣味はブルースでバンド活動をしている。その昔、バンド活動の練習スタジオをDIYでつくりたいと考えていたところ、ドームハウスが一番つくりやすそうだという結論に至り、遂にはドームハウスの専門家としての道を歩み始めることになる。

彼はまずプロトタイプを作製しようと固いケント紙で大きな三角形をいくつもつくり、それらを組み合わせて四畳半にぴったり内接するドームを完成させた。中に入って見上げた瞬間、万華鏡のようなその内部空間に魅了され、ひたすらドームの研究に没頭。勤務していた事務機の営業も退職、晴れて「ドームな男」となったのだった。その後、さまざまなタイプのドームハウスを考案し、現在も各地を飛び回っている。

そんなドームな男にレクチャーを受けるべく、彼の事務所に出向いたことがあった。東京から私鉄に乗ること2時間弱。そこから1時間に1本のバスに乗り、山深い谷あいを右へ左へ揺れること1時間。ようやく着いたと思ったら、バス停からさらに歩くこと20分。この辺だろうと地図を見れば「ここから先は川を渡れ」と書いてあった。でも橋はない。足場板のようなものがポツンポツンと向こう岸まで渡してあるだけだ。恐る恐る渡ってみると……雑木林の奥にドームの影が見えた。進むと大きめなログハウス風住宅と、その隣に丸屋根のドームハウスが建っている。

川を渡らないとたどり着かない場所でも建てられるのは、都市計画法の都市計画区域外に指定されているからだ。敷地が道路に接していなくても大丈夫。裏を返せばとても田舎ということである。

こうして遭難することなくドームな彼に会うことができたのだが、どうしてこんな奥地にいるのか？　と尋ねたところ、ブルースバンドの練習スタジオを探していたことがきっかけだという。たまたま話を聞いた知人から「それだったら俺んとこの別荘使っていいよ」ということになり、その後、ドームハウスも建てたという。

そのログハウス風住宅だが、思った以上に大きかったので練習スタジオ兼自宅にし、さらにバンド仲間も呼んで共同生活を始めてしまった。ここなら三方が森だし、横の川の流れの音で楽器の音も消される。誰に遠慮することなく、思う存分バンド活動ができて、少人数ならライブだってできてしまう。自分のドームハウスのモデルハウスとしてもこのくらい自然豊かなほうがコンセプトにマッチしているからいいのだとも言っていた。

ただ、周りに人がいないからといって好き勝手にはできない。地域の輪も大事だから消防団に加入して、日頃から地域の方とのコミュニケーションは欠かさないとも付け加えていた。

バンドの練習といえば、防音室を設けたスタジオでしかできないと思い込みがちだが、大きな音を出しても近隣に迷惑がかからない環境であれば、ごく普通の住宅でもいいのだと、そのときに気が付いた。

そういえば、証券会社に勤める傍らアマチュアバンドのサポート活動をしていた知人からも「とんでもなく大きな音が出せる（出しても苦情が来ない）場所はないか？」と相談されたこともあった。

私はなぜか、こういったとんでもない相談をよく受ける。詳細を聞くにつれ、彼は「ウッドストック」みたいなことをやりたいのだなと思った。伝説のロックフェス「ウッドストック・フェスティバル」のことだ。

1969年8月15日、アメリカ・ニューヨーク州郊外の酪農場で開催されたそのフェスは、不毛なベトナム戦争、音楽界のマネーゲームにうんざりしたヒッピーやカウンターカルチャー世代など全米から40万人以上が詰めかけた。トリを飾ったのはジミー・ヘンドリックス。エレキを大音量でドライブさせながら、かき鳴らしたアメリカ国歌。シニア世代ならあの頃の記憶が蘇ってくるのではないだろうか。

年齢に関係なく、魂みなぎる人々は放出できる外なる場所が見つからないと燻《くすぶ》っているものだ。ウッドストックの会場になった酪農場のオーナーは当時49歳。「世代間のギャップを埋めるのであれば、われわれ年寄りが今まで以上のことをしなければならない」と次世代を担う若者に表現の場所を与えたという。

音楽はカルチャーである。より自然な環境で音楽活動ができるのであれば、よりクリエイティブな作品や演奏ができるに違いない。彼らは純粋に活動の場を欲している。もし、あなたが大きな音が出せる場所をお持ちなら、今度はあなたが酪農場のオーナーのように若者を解放する場を与える番かもしれない。

小規模デイサービス施設として貸す

大きなお屋敷の表札が、あるとき「デイサービス　○×の家」と変わっているのを見かけたことはないだろうか。

これは民家型デイサービスの典型例だ。普通の一軒家を使ったデイサービスで、定員は10名以下の小規模施設であることが多い。小規模な施設なうえに、基本的には住宅なのでアットホームな雰囲気の中、利用者同士の交流が楽しめるという。

民家をリフォームしてデイサービス施設とするのだが、事業である以上、収益を上げなければならず、完全なバリアフリー対応がされていないところがほとんどだ。ただし、トイレとお風呂は介護対応のため大きな改修をする必要がある。

普段、自宅で暮らす利用者が介護保険を利用して昼間の時間を過ごす場所がデイサービスだ。食事や入浴、機能訓練を行うとともに、ひきこもりがちな高齢者の社会的孤立の解消や生活の活性化などを主な目的にしている。食事やおやつ、お風呂の他に、折り紙や絵手紙などの手作業や体操、カラオケ、マージャンなどのレクリエーションもあり、利用者が和やかな一日を過ごせるように工夫をしている。許可基準に緩和があるので、どの事業者も民家型は定員10名以下をビジネスモデルにしている。

もし、あなたの住宅を小規模デイサービスとして賃貸提供をしたいのであれば、次の点を事前に確認・検討しておく必要がある（貸主側のあなたか借主側の事業者のどちらかが負担する可能性があるため）。

・お住まいの地域で住宅が介護事業所として適合するかどうか
・介護保険法で場所や住宅の許可が下りるかどうか
・面積が200平方メートルより広い場合、
建築基準法の用途変更（確認申請）や建物の改修が必要となること

厚生労働省令でトイレは2か所が必要、地域によって一つは車椅子用となる。他にヘルパー休憩室、事務室やキッチンなど案件ごとに付加設備が増える。よって200平方メートル前後の広さがないと施設としての運営が厳しい場合もある。

消防法では、自動火災報知機等、誘導灯、消火器の設置の有無に加えて、2015

年の消防法改正により、スプリンクラーの設置も義務付けられた。

スプリンクラーの設置は数百万円の費用がかかる。こうした多額の設備投資が必要な現状を鑑みると、民家型デイサービスに投資する魅力が若干落ちてしまう感は否めない。それでも介護施設「だんらんの家」(東京都墨田区)のように、定員10名以下の小規模デイサービス施設をフランチャイズで広めるべく随時貸家を募集している事業者があったり、「かながわ福祉居住推進機構」(神奈川県横浜市)のような空き家を地域の福祉拠点に活用するために活動する法人もあり、これからもっと注目されてよいテーマであるように思う。

児童福祉施設事業者へ貸す

Lさんよりご自宅の設計を依頼されて1年後、無事に引き渡すことができた。

数年後、再びLさんより連絡が入った。自宅を知的障がい者の作業場にするべく、用途変更と改修の設計依頼を受けた。

Ｌさんはもともと知的障がい者の作業場を運営する会社の社員として働いていたが、会社が廃業したことで仲間と事業を引き継いだのだという。利用予定者は20名ほど。施設に必要な面積は２００平方メートル前後になるため、用途変更の申請手続きを前提に計画を立て、改修を行った。その後、ご家族は再び賃貸マンションに移り、自宅だった住宅は誘導灯やトイレに手すりを付け、「児童福祉施設等」に用途変更された。なお、２０１９年6月より２００平方メートル以下の建物は用途変更にあたっての建築確認が不要となっているが、建築基準法や消防法への適合は広さに関係なく必要となるため、行政や建築士とよく話し合うことをお勧めする。


作業場の日課はデイサービスと似ていて、朝にワンボックスカーで利用者宅に迎えに行き、日中は軽作業や運動をし、夕方になると自宅まで送る。利用者は作業場に来る前までは養護学校等の「特別支援学校」に18歳まで通学していた人が大半だ。

特別支援学校は、知的障がい児や病弱児などに対し、幼稚園・小学校・中学校・高等学校に準じる教育を行うとともに、障害による困難を克服するために必要な知識・

技能などを養うことを目的としている施設だ。

彼らのうち、知的障がいを持つ子が特別支援学校高等部を18歳で卒業してからの進路だが、２０１７年３月卒業者約１万８０００名（全国／国・公・私立の計）のうち、就職者が32・９％で約３割、社会福祉施設等入所・通所者は61・５％と全体の３分の２を占めている。Ｌさんの作業場もここに含まれる。進学者はわずかに０・４％、社会全体でサポートをしていかなければならない分野だろう。

知的障がい者の就労支援をおこなう事業者に対しては、利用者の人数に応じて給付金が支払われ、作業場の運営の柱になるそうだ。親御さんとしても金銭的な負担なしで子どもを預け、働きに出ることができる

さらに数年後、再びＬさんより連絡があった。工場地の一角に空き物件が出たので、借りて作業場にしたいとのことだった。またもや用途変更と改修の設計依頼を受けたのだが、なぜ作業場を増やしたのか理由をうかがった。Ｌさんいわく、「利用者は室内にいる時間が多く、だんだんとメタボ体形になってしまう。ときには大きな声を出したいし飛び回って発散させたいので、大きな音を出しても大丈夫な工場の一角を作

業場としたかった」という。簡単にいえば体育館を増やしたわけである。

利用者にとっては、ドラえもんに出てくる空地のような心和む場所が必要だったりする。社会的弱者の一助に自分の空き家を利用してくれるならば、夕飯時の一献も特別おいしく感じられることだろう。実際に障がい者の作業場として自宅や所有する事務所を貸す際だが、需要が少ない業界なのでとりあえず不動産業者に一軒家や事務所として賃貸募集してもらい、一般の賃貸に紛れて反響があったら検討する程度で考えるのがいいだろう。

シェアハウス事業者へ貸す

不動産業の方と雑談したときの話。先日、「伊豆の古い別荘地に、北陸から移築してきたという古民家が売りに出ている」との情報が同業者から入り、彼女はすぐに現地に向かい、即購入を決めたという。

市場に出回っている物件には掘り出し物はまずないと思ったほうがいい。お得な情報は業界の源流付近で、こういったプロに既に押さえられているからだ。

彼女が手に入れた物件は茅葺屋根で太い大黒柱を持つ、風雪に耐えてきた立派な佇まいだ。彼女いわく「購入したはいいが、どう利用すべきかはこれから考える」という。いい素材を安く仕入れることができたから、調理はこれからどうにでもなるというところだろう。

とりあえず今はシェアハウスとして提供しているそうだ。シェアハウスとは一軒家に複数の他人同士が共同で暮らし、個室はプライベートな空間として、LDKと水回りは共有スペースとして使い、目的に合わせた日常生活が送れる空間である。

主な利用者は20~30代のシングルで男女比はほぼ半々（女性のみの物件もある）。ユーザーの目的は家賃別に分かれる。一般のワンルームよりも家賃を高く設定する場合と低くする場合の2パターンだ。前者は共通の趣味やライフスタイルを持つ者同士が集まり、情報交換やふれあいの場として自分たちのスキルや生活満足度を上げるためのコンセプトを持ったシェアハウス。外国人向け、鉄道模型ファン向け、起業家の卵向け、音楽家向けなど。後者は生活保護者や生活の苦しいシングルマザーなど、生活弱者のシェルター的な要素を持ったシェアハウスだ。

シェアハウスに対して、ルームシェアという言葉もある。一つの個室に複数人が居住するのがルームシェアで、友人や知人同士が自分たちで古民家を借りて一緒に住むケースもこれにあたる。


今回の伊豆の物件は、プログラマー専用のシェアハウスとして稼働している。普段は都内でそれぞれが独立して活躍しているのだが、年に一度のプログラミングコンテストに入賞すべく、夏の一時期だけ仲間同士が集まり、チーム一丸となり寝る間を惜しんで伊豆の避暑地で合宿生活をしているというわけだ。結果はどうにせよ、日常を離れて自然豊かな環境でキーボードを叩けば新しい発想も生まれてくるだろう。

シェアハウスにするメリットは、一軒丸ごと貸す一般の賃貸と比べて家賃収入が上がることや空室リスクの低減、退去リスクの低減などが挙げられる。

仮に一軒で10名前後の入居者がおり、それぞれがワンルームと同等の家賃を納めるとすれば、丸ごと賃貸に出す場合に比べ2〜3倍の収入が見込める。10人が代わる代わるに入れ替わるので、入居者ゼロということはまず考えられない。期限が来れば定期借家契約により強制的に退去してもらうこともできるので、家賃滞納もある程度は防げる。こういったことがメリットになろう。

一方のデメリットは管理が大変なこと。入居者同士のトラブルの処理、ゴミ出し方法や当番の管理、備え付けの家具やエアコンなどの家電の管理、便器や浴室・キッチンの詰まりや汚れの清掃、建物内部や付近の清掃など多岐にわたる。そのうえに入居者募集や契約手続きも頻繁に行う必要がある。

実入りは大きいかもしれないが、もし自らがシェアハウスを運営したならトラブルや管理の対応で忙殺させられそうだ。長期の海外旅行に行くなど、優雅なシニア生活というわけにはいきそうにない。シェアハウスの管理会社に委託する方法もあるが、相場は家賃の20パーセント程度と安くはない。また、管理の一部だけをサポートしてくれるだけなので、特効薬とまではいかないだろう。

企業が複数のシェアハウスを持ち、スケールメリットを生かして本腰を入れた事業として運営しているのはこのためだ。複数の物件を持たないとうま味がないのだ。スタッフを上手にローテーションさせてこそ成り立つ、すなわち一般の素人が手を出すとヤケドをするほど舵取りが難しい。地域や未来のある若者をサポートしたいという明確な意思があるなら別だが、穏やかなシニアライフを送りたいのであれば、自らが運営するのではなく、事業者に住宅だけを提供する貸主となるのが良さそうだ。

なお一戸建て住宅をシェアハウスに改造するには費用がかかる。個室を多くし、十分な広さのＬＤＫ、複数の水回りを設けなければならない。それに加えて東京都の場合、個室は7平方メートル（約4帖半）の広さを確保、火災が起きたときにスムーズに避難できるように隣の土地との間に定められた空間を設ける、火災報知器などの設置、個室の壁は天井まで通す、窓をつくる、などが求められる。改造費がかさんで経費倒れになっては本末転倒。企業だって物件探しには慎重だ。

シェアハウスに改造しやすい一戸建ては、ＬＤＫが大きく個室が5〜6部屋、1階・2階にそれぞれトイレと洗面所があり、浴室も大きめであるといい。こうした仕様なら各部屋に鍵を付け、消防設備を設置する程度で貸すことができるかもしれない。

もし、お持ちの住宅がこの条件を満たしているのなら、一戸建てを丸ごと賃貸に回す計画の次善策として検討するのがいいと思う。インターネットの「ひつじ不動産」「東京シェアハウス」などで情報を得てみよう。

トランクルーム事業者へ貸す

建物が古くて入居者がいなくなってしまった鉄筋コンクリート造の共同住宅。あるとき屋号の「〜マンション」が消えて「〜トランクルーム」という文字に付け替わっている光景を目にしたことはないだろうか。

こうしたトランクルームでは、各部屋の内装は最小限にして物置やロッカーを並べて貸し出している。自宅に置ききれない衣類や家具、スポーツ用品から趣味のコレクション、ありとあらゆるものがこのトランクルームには収納されている。屋内なので屋外にコンテナを並べたものに比べ、湿気や汚れに多少は強い。倉庫代わりというよりも大きなクローゼット代わりに利用されている。

貸主がトランクルームを始める動機は、解体までの猶予期間を効率よく稼ぎたいというニーズがあるからだ。老朽化で入居者がいなくなり、賃貸収入が十分得られなくなった物件を取り壊すには、多額の解体費用がかかる。それであれば解体までの猶予期間にトランクルームとしてもうひと稼ぎしてもらおうというわけだ。

実際の運営だが、昨今、トランクルームは利用者が多すぎるために管理がとても大変だ。人の出入りは頻繁だし、迷惑行為も多い。その割には利用料が安いので、気軽に置き去り&立ち去りが横行することがある。また、増えすぎた荷物を付近に不法投棄されることもあるから、周辺環境へも配慮しなければならない。

専門の知識とサポート体制がない限り、自らで運営するにはハードルが高すぎる。ここもプロにお任せするのが無難なようである。

依頼方法は二つ。一括借上方式と業務委託方式がある。

一括借上方式は、集客・契約管理・利用者対応（賃料回収やクレーム対応）や建物の維持管理などはすべて業者が行い、貸主は入金確認のみとなる。業務委託の場合は、貸主がトランクルーム一式をそろえて経営も自ら行い、集客や契約、利用者対応のみ業者が行う。大量の荷物が運び込まれるので建物が堅牢でなければならない。住宅をトランクルームに活用するのであれば、鉄筋コンクリート造が必須だろう。

木造なら一階の床だけ補強して貸すといったように、軽量の荷物専門のトランクルームとして考える必要がありそうだが、あまり現実的ではない。それでも興味がある場合は既存のトランクルーム業者にコンタクトを取り、運営方法や管理方法を確認してみるのも手であろう。

注意する点としては、倉庫として利用する場合には「第一種低層住居専用地域」「第二種低層住居専用地域」「第一種中高層住居専用地域」と「市街化調整区域」では営業できないことが挙げられる。

コインパーキングにするのも勇気がいる

数年前、関西に住むシニアの方から「思い出の実家を有効に使う方法」を提案してほしいと、コンサルティング依頼を受けた。

ご本人は関西で生活し、このまま骨を埋《うず》めるつもりだというが、「関東に親が残した古い住宅がある。生まれ育った実家なので壊すにも忍びない。少し手を加えて帰京の際のセカンドハウス的に使えないだろうか」とのことだった。

後日、現地を訪ねた。大正時代に建てられた2DKの平屋住宅をベースにして、都合3回ほどの増築を重ね、全体では大きな家となっている。雰囲気はなかなか良い。ただ、1階の土間は柱が直接地面に刺さるように立ててあり、その柱一本だけで12畳程を支えている危険な状態であった。2階に上がると床が傾いていて、ふわふわトランポリンのように上下する。

クライアントと相談の結果、必須の耐震性に加え、暖かさも確保することを柱にプランを立てることになった。ただし、なるべくコストがかからない方法で見積もりを取ってみることになった。後日、リフォームプランと目安の見積もりを提示したのだが、大幅な予算オーバーであった。コストを抑える工夫を凝らしても、直す床面積が多いと必然的に材料費と工賃が積もり積もってゆき、思惑どおりの予算とはならない。

それならば、と今度は一部をギャラリーや屋内駐輪場にして収益を上げ、建築費の一部として回収して行く案を出してみた。ご本人も気に入ってくださり、前向きに検討を始めたのだが、数カ月後、関東を襲った爆弾低気圧でこの住宅の屋根から大量の雨漏れが起こった。柱も若干傾いてしまった。阪神大震災を体験されたときの教訓が蘇った相談者は、家が倒壊し、近隣を巻き込むのが怖いと涙をのんで断念された。最終的には、解体して駐車場にすることになった。

コインパーキング業者もいろいろ

コインパーキング業者を決めるに際して、バックグラウンドが異なる三つの業者にプレゼンをしてもらった。

一つ目は大手コインパーキングの運営会社。大きな敷地に大量の駐車台数を確保することで収益を生むビジネスモデルのため、一般住宅程度のさほど広くない敷地を扱うのは若干苦手なようで、オーナーの収益率は中くらい。

次は地元のガソリンスタンドチェーンを運営している地域密着の業者。こちらは提案書が簡素で曖昧。質問にも回答が遅れることが多かったため、収益率は中の上でも心配だった。

最後は旧財閥系の運営会社だった。こちらは大手の系列だけあり周辺の系列コインパーキングと売り上げを合算し、事業全体で利益を上げているとのことでオーナーの収益率は大であった。提案もしっかりとした内容であったので、こちらにお願いすることで一件落着となった。

駅前の空き店舗は奉仕活動の拠点として心豊かに

今や地方の駅前商店街の名称となってしまった感がある、通称「シャッター通り」。かつては小売店が軒を連ねた駅前の商店街。日本が高度経済成長期を迎えた昭和30〜40年代には、平日は生活必需品を求め、休日は家族でショッピングや映画などの娯楽を楽しむお客でごった返し、たいそうな賑わいを誇った。

その頃、商店街の店主たちは商売で得た利益の使い道を考えていた。組合の会合で情報交換したり、取引先の銀行の提案を聴いたりした結果、年々価値が上がっていた不動産を少しずつ購入していくことにしたのだ。得た土地はしばらく駐車場として貸しておき、またお金が貯まったら順次アパートやビルを建てた。次第にかなりまとまった賃貸収入を得られるようになり、本業に迫る勢いの利益を上げた。土地値上がりの含み益もどんどん出た。

時は過ぎ、ショッピングの主役は気軽にクルマで行けて何でもそろう郊外の大型複合施設に取って代わり、駅前商店街の時代は終わりを告げた。

子どもたちは都会で自立した。売り上げも落ち体力的にも厳しくなったので、自分たちの代で店は閉じよう。さて、この店をどうしたものかと店主たちは考える。潤沢な家賃収入があるので経済的には困っていないから店は売る必要もない。このまま悠々自適に穏やかな年金生活を送りたいので、万が一、素性の悪い人に貸してしまってトラブルになっても困る。飲食店などは水商売だから夜逃げされるのも怖い。壊して更地にしたら固定資産税が上がる……。

国は全国の駅前シャッター通りを復活させようと、予算を出して商業コンサルタントを商店組合に派遣して、無料で街おこしイベントを企画してくれる。賑わい創出という名目で具体的な計画案も出してくれるのだが、どれもどこかで聞いたような案ばかり。だが、まあいいか。そのうちいい案があったら乗っかればいいだけの話だ。大規模開発で立ち退きなどあれば最高だ。

以上が多くの店主たちの本音のようだ。よって、シャッター街にポツンポツンと大学生や若い店主が貸店舗で開業したカフェだらけになる。

バブル期の相場を経験した店主たちは「地価はそのうちまた値上がりするだろう」と夢見ている節がある。良い条件で買い取ってくれる独立心旺盛な事業者が現れるのを待つか、不動産状況を理解している子どもに代替わりする際、相続税問題で解決するのを待っている状況だ。

誰も妙案は見いだせていないのだが、もし店主が自らの生活に支障なく、環境が潤っているのであれば、自身が所有する駅前店舗を「地方自治体がなかなかサポートできない精神的なケアの部分を担う集いのスペース」として提供してみるのはいかがだろうか。

無理せずできる範囲でいい、店舗が朽ちて使えなくなりそうなときまででいいのだ。

今までたくさんのお客さんからいただいた生活の糧の恩返しができる喜びとして、使っていない店舗を有効活用するのだ。

不特定多数の人がそれぞれに興味を持ったイベントのみに足を運び、同じ顔触れになる閉鎖的な空間にならないことだけを気を付ける。お坊さんを招いての法話に耳を傾けたり、牧師さんを招いてゴスペルに触れたり、ついでに営業していた頃を懐かしむように当時売っていたおせんべいを当時のエピソードを交えて振る舞ってみたり。みなが屈託なくおいしそうに食べてくれるその姿を見て、自分の気持ちもほっこりする。何気ない会話に花が咲く。優しい一言が心にしみる。こんな世の中だから、お金で買えない時間を自ら提供してそのおすそ分けをもらうのである。

こんな社会のために孤軍奮闘している姿は、きっと誰かが見ていてくれるはずだ。賛同者のシャッターが一つ、また一つと開かれてゆくのを私は密かに夢見ている。

おわりに

最後までお読みいただき、ありがとうございます。

少し変な本だなあと思われた方もいらっしゃるかもしれません。タイトルに「人気建築家」とあるのに、家を建てるノウハウはほとんど書かれておらず、一生賃貸暮らしでもいいかも？　という建築家らしからぬ提案まであるのですから。

これには二つの理由があります。まずは普通の人にとって新築住宅は高嶺の花になっていること。もう一つは、家が「シェルター化」していることです。

少し前までなら決して高年収ではない普通の人が建築家と一緒に家を建てるのは、さほど難しいことではありませんでした。しかし、最近の住宅は、高断熱や高気密、大地震が来ても大丈夫な耐震性、耐火性といった機能面が喧伝され、それが良しとされる風潮になりつつあります。家はシェルターのような感覚なのでしょう。そうなると家はどうしても高くなります。土地の値段も都市部ではこの10年で大きく値上がりしましたし、資材もしかり。大手住宅メーカーなら建物だけで５０００万円以上かかることも珍しくなくなってきました。マンション価格もここ10年で高騰しています。

　現在、大企業勤めや公務員でもない限り、建築家と家を建てられるのは、お金持ちか、親の土地があり建築費だけで済むという方がほとんどです。でも、それだけでは虚しい。家は自分の人生を豊かにしてくれるものであるはずなのに……。

「この景色を眺められる大きな窓がある家を建てたい」――そんな自分の感性を大事にするような家づくりが私の理想です。これは土地も建物の間取りもあらかじめ決まっている建売住宅では叶えられません。とはいえ、無理をして大きな借金を背負って生きていくのも違う気がします。しかし、感性を大切にしながら家や暮らしを豊かにする方法は、家を建てる以外にもいろいろとある。であれば、エッセイのような形で建築家目線でこれからの住宅や暮らし、人生について考えるきっかけを提供することはできないだろうか？　そう考えていたところに草思社さんから出版のお話をいただきました。雑多ではありますが、さまざまな角度でたくさんのアイデアを盛り込みましたので「こんな発想もアリなの？」「こんな生き方の人もいるんだな」と、楽しみながらあなただけの豊かな家と暮らしを手に入れていただきたいと思います。自分本位で生きられる人生のＢ面でなら、きっと夢が叶うはずです。

湯山重行（ゆやま・しげゆき）

1964年神奈川県生まれ。建築家・一級建築士。アトリエシゲ一級建築士事務所代表。リゾートでヴァカンスを楽しむように暮らせる「ホーム・ヴァカンス」をテーマに、開放感あふれる家づくりを得意としている。2016年に発表したシニア世代のための小ぶりな平屋「60ハウス（ロクマルハウス）」がテレビなどで話題となり、独自の視点と語り口で講演会やセミナーでも人気に。著書に『60歳で家を建てる』（毎日新聞出版）、『60歳からの家』（エクスナレッジ）などがある。

https://atshige.com/

ご意見・ご感想は、
こちらのフォームから
お寄せください。
http://bit.ly/sss-kanso

人気《にんき》建築家《けんちくか》と考《かんが》える50代《だい》からの家《いえ》

二〇二四年十月七日　第一刷発行

著者　湯山重行《ゆやましげゆき》
発行者　碇　高明
発行所　株式会社 草思社
〒一六〇-〇〇二二 東京都新宿区新宿一-一〇-一
電話　営業 〇三（四五八〇）七六七六
編集 〇三（四五八〇）七六八〇

本文組版　tento
印刷所　中央精版印刷株式会社
製本所　中央精版印刷株式会社

ISBN978-4-7942-2743-0 Printed in Japan 検印省略